JN245778

マンガ 日本人と天皇

雁屋 哲●作
シュガー佐藤●画

いそっぷ社

マンガ 日本人と天皇●目次

■装幀
本山吉晴
■本文デザイン
野崎麻理
■脚注協力
坂本昇（歴史教育者協議会会員）
■章トビラ写真
毎日新聞社（第2・3・5・7章）
国立教育研究所教育図書館（第1章）
国立公文書館（第6章）

第1章 天皇とは何か

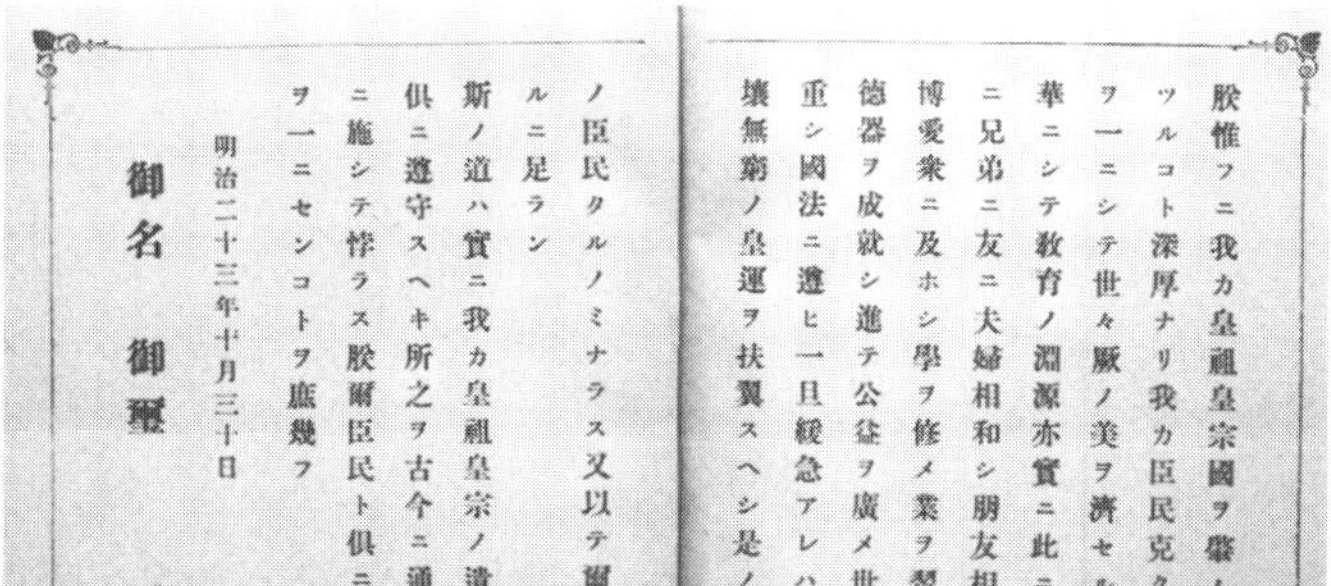
朕惟フニ我カ皇祖皇宗國ヲ肇ムルコト宏遠ニ徳ヲ樹
ツルコト深厚ナリ我カ臣民克ク忠ニ克ク孝ニ億兆心
ヲ一ニシテ世々厥ノ美ヲ濟セルハ此レ我カ國體ノ精
華ニシテ教育ノ淵源亦實ニ此ニ存ス爾臣民父母ニ孝
ニ兄弟ニ友ニ夫婦相和シ朋友相信シ恭儉己レヲ持シ
博愛衆ニ及ホシ學ヲ修メ業ヲ習ヒ以テ智能ヲ啓發シ
徳器ヲ成就シ進テ公益ヲ廣メ世務ヲ開キ常ニ國憲ヲ
重シ國法ニ遵ヒ一旦緩急アレハ義勇公ニ奉シ以テ天
壤無窮ノ皇運ヲ扶翼スヘシ是ノ如キハ獨リ朕カ忠良
ノ臣民タルノミナラス又以テ爾祖先ノ遺風ヲ顯彰ス
ルニ足ラン
斯ノ道ハ實ニ我カ皇祖皇宗ノ遺訓ニシテ子孫臣民ノ
倶ニ遵守スヘキ所之ヲ古今ニ通シテ謬ラス之ヲ中外
ニ施シテ悖ラス朕爾臣民ト倶ニ拳々服膺シテ咸其徳
ヲ一ニセンコトヲ庶幾フ
明治二十三年十月三十日
御名 御璽

天皇への忠誠を学校教育の場で叩きこんだ「教育勅語」。上は教科書に載ったもの。

国立競技場
さあ全日本大学サッカー選手権
優勝決定戦も大詰め
ロスタイムもぎりぎり
東塔大学の最後の攻撃なるか
GOAL!
東塔大学の主将澄川仁《じん》
突っ込む突っ込む
帝門大学のディフェンスをかわす　かわす
澄川今日三点目のゴールなるか
澄川シュートッ!
TEIMON
TEIMON

ゴォール
ゴォオオオオオ——ルッ!

澄川ハットトリック達成!

東塔大学三点目!

このとき試合終了!

東塔大学全日本大学サッカー選手権を制しましたっ!

これで次回ドイツで行われる世界大学サッカー戦代表に澄川仁選手間違いなく主将に選ばれるでしょう

ばんざーい
やったねっ!
日本一
最高だよっ!
世界大学
サッカーにも
おれたちの中
から大勢
選ばれるぜ
でも
今日の勝ちは
澄川のおかげ
だな
馬鹿
いえ
みんなが
おれにいい球
出してくれた
からじゃ
ないか
それにしても
ハット
トリック
は凄いよな
みんな
そろって
世界戦に
行こうぜ
おう!
東塔大学
サッカー部
ばんざーい!
馬鹿
野郎!

何を浮かれているんだっ！
澄川連盟の役員のお呼びだ
来いっ！
え！どうかしたんですか
まさかあのことで……
今日の試合前の開会式のときのビデオを
まず見ていただこう

国旗掲揚
並びに国歌斉唱
君が代は
千代に八千代に
さざれ石の巖と
なりて
ビデオ静止して
澄川
東塔大学主将のお前は国歌も歌わず国旗に敬意も表していない
これが重大な問題を引き起こした

国旗と国歌●日の丸を国旗、君が代を国歌とする国旗・国歌法が一九九九年八月に成立した。「君が代」について政府は当初、「君」は「日本国及び日本国民統合の象徴である天皇」とし、「君」が天皇を指すことを明示した。しかし、こうした見解に与党内からも反発があり、補足的に「その地位が主権の存する国民の総意に基づく天皇」と説明を加える新見解を出した。

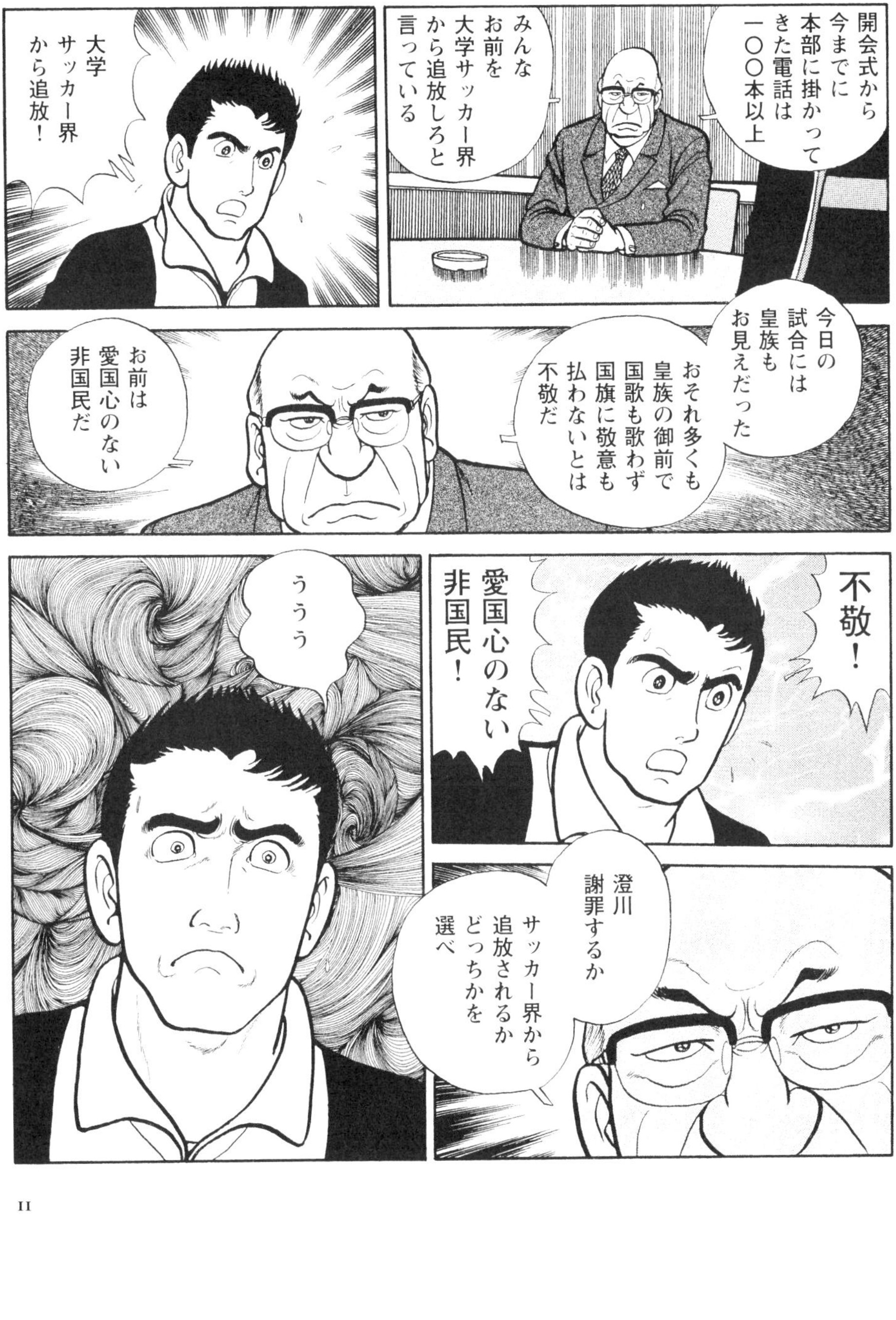

開会式から今までに本部に掛かってきた電話は一〇〇本以上
みんなお前を大学サッカー界から追放しろと言っている
大学サッカー界から追放！
今日の試合には皇族もお見えだった
おそれ多くも皇族の御前で国歌も歌わず国旗に敬意も払わないとは不敬だ
お前は愛国心のない非国民だ
不敬！
愛国心のない非国民！
ううう
澄川謝罪するかサッカー界から追放されるかどっちかを選べ

澄川 どうして国歌を歌わず国旗に敬意を表さなかったんだ
それは……
答えろ
キッ
僕の父方の祖父は太平洋戦争に兵隊としてマレー半島に送られ
戦後 住民虐殺の罪を問われて戦犯として処刑された
祖母は女手一つで父を育てましたが
その苦労よりも愛する夫が戦争犯罪人として処刑されたことの方が何倍も辛く悲しいことだったと言います

祖父は
神武天皇の
肇国《ちょうこく》の精神
「八紘一宇《はっこういちう》」を
実現するために
天皇の兵士として戦った
住民虐殺は上官の命令です
そして
上官の命令は天皇の命令と
祖父は教えられていました
天皇の命令に従って
祖父は戦犯になり
処刑された
それなのに
天皇は責任をとらなかった
祖父に殺されたマレーの住民にも
天皇は責任をとらなかった
そのような天皇を讃える
「君が代」は絶対に歌っては
ならぬというのが
わが家の掟です
貴様 なんという ことを 言うんだ!
ヒソヒソ ヒソ……
おそれ多くも 先帝陛下 (昭和天皇のこと) に対し奉《たてまつ》り 無礼なことを
いや しかし ……
ヒソ ヒソ
ヒソ ヒソ ……

戦犯●東京裁判で起訴された二八人のA級戦犯(東条英機元首相、広田弘毅《こうき》元首相、松岡洋右《ようすけ》元外相、木戸幸一元内大臣、平沼騏一郎《きいちろう》元首相など)に対して、上のように特定の地域で「通例の戦争犯罪」を行った者をBC級戦犯という。特に、住民の逮捕・監禁・拷問《ごうもん》・殺害などを行った憲兵や、捕虜《ほりょ》を過酷な強制労働に従事させた捕虜収容所関係者がBC級戦犯に問われた。裁判の結果、死刑が九八四人、無期刑が四七五人、有期刑は二九四四人を数えたが、その裁判過程には通訳や弁護人が欠けていたなど、問題も少なくなかった。

ではそうしよう
澄川
今回の件でお前を裁いたりするのは連盟の役目ではない
すべては東塔大学当局に委ねることにする
東塔大学がお前を退学処分にするかサッカー部から退部させればお前は自動的に連盟とは無関係になる
そんな！
僕をサッカー界から追い出す責任を大学におしつけようと
澄川言うとおりにするんだ
カチャ…

仁！どうしたの
ああ…さち子……
何だって言うんだ
連盟は一体何を
厄介なことになった
大学関係者と急いで話し合わないと…
東塔大学
学長室
学長・庄野久
澄川が国歌を歌わず国旗に敬意を表さなかったことですでにいくつかの団体が本学に抗議してきている
副学長・金井淳一

澄川を退学にしないと本学に対して強い行動を取ると言ってきた団体もある
強い行動！
本学の勉学研究活動
卒業生の就職にいろいろと差し障りが出てくるだろう
学長申し訳ありません
国歌を歌わないだけでなく先帝陛下をおとしめるようなことまで言うとは不届き千万
澄川お前は本学の恥だ！
事実を言ったまでです
何が事実だお前は日本の国柄とは何か理解していない
日本の国柄？

教育勅語を読んで日本の国柄とは何か勉強し直せ
そうすれば国歌を歌わなかったり先帝陛下をおとしめることが間違っていることがわかるだろう
教育勅語!?
ガチャ!
金井副学長
聞き捨てならぬことを言ったな
う?
理事長……
教育勅語こそ近代日本の過ちの根源だ
それを現代の若者に学べと言うのか

教育勅語●近代天皇制国家の教育理念を示したもので、一八九〇年一〇月三〇日に発布されている。九〇年二月の地方長官会議が内閣に対して徳育方針の確立を迫る建議を行ったのを受けて、山県有朋首相、芳川顕正《よしかわあきまさ》文相の下で本格的な起草に着手。当初命じられた帝国大学教授中村正直の草案は哲学論的だとして批判され、替わった法制局長官井上毅《こわし》の草案に枢密顧問官元田《もとだ》永孚《ながざね》が協力する形でつくられた。政治上の一般詔勅と区別するため、末尾に大臣の副署はない。

理事長 教育勅語が 近代日本の 過ちの根源 とは
それは あまりに お言葉が すぎるのでは
では 副学長 教育勅語を 暗唱して みてくれ
あ あ あ
それは 急に言われ ましても……
ちょっと 図書館に 行って 資料を
若い者に 教育勅語を 勉強しろと 言いながら
暗唱一つ できぬのか
あ
いや その どうも

教育勅語と一般に言われているが
正式には「教育ニ関スル勅語」と言うのが正しい
キュッ
キュッ
キュッ
キュッ
キュッ
カタッ
キュッ
キュッ

朕《チン》惟《オモ》フニ我《ワ》カ皇祖皇宗《コウソコウソウ》國《クニ》ヲ肇《ハジ》ムルコト宏遠《コウエン》ニ徳《トク》ヲ樹《タ》ツルコト深厚《シンコウ》ナリ我《ワ》カ臣《シン》民《ミン》克《ヨ》ク忠《チユウ》ニ克《ヨ》ク孝《コウ》ニ億兆《オクチヨウ》心《ココロ》ヲ一《イツ》ニシテ世々《ヨヨ》厥《ソ》ノ美《ビ》ヲ濟《ナ》セルハ此《コ》レ我《ワ》カ國體《コクタイ》ノ精華《セイカ》ニシテ教育《キヨウイク》ノ淵源《エンゲン》亦《マタ》實《ジツ》ニ此《ココ》ニ存《ソン》ス爾臣民《ナンジシンミン》父母《フボ》ニ孝《コウ》ニ兄弟《ケイテイ》ニ友《ユウ》ニ夫婦《フウフ》相和《アイワ》シ朋友《ホウユウ》相信《アイシン》シ恭儉《キヨウケン》己《オノ》レヲ持《ジ》シ博愛《ハクアイ》衆《シユウ》ニ及《オヨ》ホシ學《ガク》ヲ修《オサ》メ業《ギヨウ》ヲ習《ナラ》ヒ以《モツ》テ智能《チノウ》ヲ啓《ケイ》發《ハツ》シ徳器《トクキ》ヲ成就《ジヨウジユ》シ進《ススン》テ公益《コウエキ》ヲ廣《ヒロ》メ世務《セイム》ヲ開《ヒラ》キ常《ツネ》ニ國憲《コクケン》ヲ重《オモン》シ國法《コクホウ》ニ遵《シタガ》ヒ一旦《イツタン》緩急《カンキユウ》アレハ義勇《ギユウ》公《コウ》ニ奉《ホウ》シ以《モツ》テ天壤《テンジヨウ》無窮《ムキユウ》ノ皇運《コウウン》ヲ扶翼《フヨク》スヘシ是《カク》ノ如《ゴト》キハ獨《ヒト》リ朕《チン》カ忠良《チユウリヨウ》ノ臣民《シンミン》タルノミナラス又《マタ》以《モツ》テ爾《ナンジ》祖先《ソセン》ノ遺風《イフウ》ヲ顯彰《ケンシヨウ》スルニ足《タ》ラン

斯《コ》ノ道《ミチ》ハ實《ジツ》ニ我《ワ》カ皇祖皇宗《コウソコウソウ》ノ遺訓《イクン》ニシテ子孫《シソン》臣民《シンミン》ノ倶《トモ》ニ遵守《ジユンシユ》スヘキ所《トコロ》之《コレ》ヲ古《コ》今《コン》ニ通《ツウ》シテ謬《アヤマ》ラス之《コレ》ヲ中外《チユウガイ》ニ施《ホドコ》シテ悖《モト》ラス朕《チン》爾臣民《ナンジシンミン》ト倶《トモ》ニ拳々《ケンケン》服膺《フクヨウ》シテ咸《ミナ》其《ソノ》徳《トク》ヲ一《イツ》ニセンコトヲ庶幾《コヒネガ》フ

明治二十三年十月三十日

御名《ギヨメイ》　御璽《ギヨジ》

朕がおもうに、我が御先祖の方々が国をお肇めになったことは極めて広遠であり、徳をお立てになったことは極めて深く厚くあらせられ、又、我が臣民はよく忠にはげみよく孝をつくし、国中のすべての者が皆心を一にして代々美風をつくりあげてきた。これは我が国柄の精髄であって、教育の基づくところもまた実にここにある。汝臣民は、父母に孝をつくし、兄弟姉妹仲よくし、夫婦互いに睦び合い、朋友互いに信義を以て交り、へりくだって気随気儘の振舞をせず、人々に対して慈愛を及ぼすようにし、学問を修め業務を習って知識才能を養い、善良有為の人物となり、進んで公共の利益を広め世のためになる仕事をおこし、常に皇室典範並びに憲法を始め諸々の法令を尊重遵守し、万一危急の大事が起こったならば、大義に基づいて勇気をふるい一身を捧げて皇室国家の為につくせ。かくして神勅のまにまに天地と共に窮りなき宝祚《あまつひつぎ》の御栄をたすけ奉れ。かようにすることは、ただに朕に対して忠良な臣民であるばかりでなく、それがとりもなおさず、汝らの祖先ののこした美風をはっきりあらわすことになる。
ここに示した道は、実に我が御祖先のおのこしになった御訓であって、皇祖皇宗の子孫たる者及び臣民たる者が共々にしたがい守るべきところである。この道は古今を貫いて永久に間違いがなく、又我が国はもとより外国でとり用いても正しい道である。朕は汝臣民と一緒にこの道を大切に守って、皆この道を体得実践することを切に望む。
『聖訓の述義ニ関スル協議会報告』(一九四〇年、文部省刊)の中の「教育に関する勅語の全文通釈」を現代仮名遣いにあらためたもの。

御名御璽●天皇の署名と印の敬称。明治維新後、諸外国の元首にならって、詔勅には署名し、「御璽」を朱で捺《お》した。御璽は「天皇御璽」と刻まれた角印で、古代以来銅や石を素材にしていたが、明治七年に金印に改められた。また詔勅の写しでは、名を「御名」、署名と印を「御名御璽」と表記した。戦後も、「官報」では「御名御璽」と表記している。

いや！
理事長
これは
驚きました
お見事な
もので
実際に戦前の
時代を知らぬ
君たち五〇代
以降と違って
私の年代は
教育勅語を
徹底的に
たたき込まれた
どれほど
骨身にしみて
いるかこれで
わかっただろう
恐れ入り
ました
どうだ
君たち
わかるか
うは
爾臣民《なんじしんみん》と
きたよ……
細かいところ
までよく
意味はわから
ないけど
どうして
いろいろと
命令されなきゃ
ならないの
これが
近代天皇制の
本質なんだよ
明治憲法は
第一条で
「大日本帝国ハ
万世一系ノ
天皇之ヲ統治ス」
としている

教育勅語の普及●

教育勅語発布（一八九〇年）とともに、文部省はその謄本を全国の学校に配布した。校長は祝祭日の儀式では勅語を正確に、かつ独特の抑揚をつけて奉読することが最重要の任務とされた。この勅語謄本への拝礼を拒否して、第一高等中学校講師内村鑑三は免職処分を受けている。さらに小学校では、日常的にも教育勅語の徹底化が図られ、修身、国語、歴史、唱歌など各教科で指導が行われた。戦後、一九四八年六月になって国会がその排除・失効に関する決議を可決し、謄本も回収された。

この明治憲法を踏まえなければ教育勅語の意味はわからない
明治憲法下日本の主権者は天皇であり国民に主権はなく天皇の臣民として仕える存在でしかなかった
この勅語の中で明治天皇は親孝行しろ　兄弟仲良くしろ　学問をしろ　職業に励め　などとそれ自体は道徳的で良いことを言っている
現在でもこのような部分を強調して教育勅語を実際の教育に取り入れることを主張する人間が後を絶たない
こほん……
しかし勅語はそれに続けて憲法を守り　法律を守り「一旦緩急アレハ義勇公ニ奉シ以テ天壌無窮《テンジョウムキュウ》ノ皇運ヲ扶翼《フヨク》スヘシ」
要するに戦争になったら天皇のために戦えと説く
結局教育勅語の言っていることは天皇に忠誠を尽くす人間になれということでしかない
ううむ
教育勅語の教育とは天皇への忠誠を尽くす人間を作るための教育なんだな

臣民●一般的には、君主主権のもとで君主に支配されている国民のことをいう。明治憲法下では「日本臣民タルノ要件ハ法律ノ定ムル所ニ依ル」（一八条）とあって、天皇と皇族以外の日本人はすべて臣民と呼ばれた。戦後、国民主権が成立するとともに、臣民という言葉は「国民」にとって代わられ、日常的にはほとんど使われなくなっている。

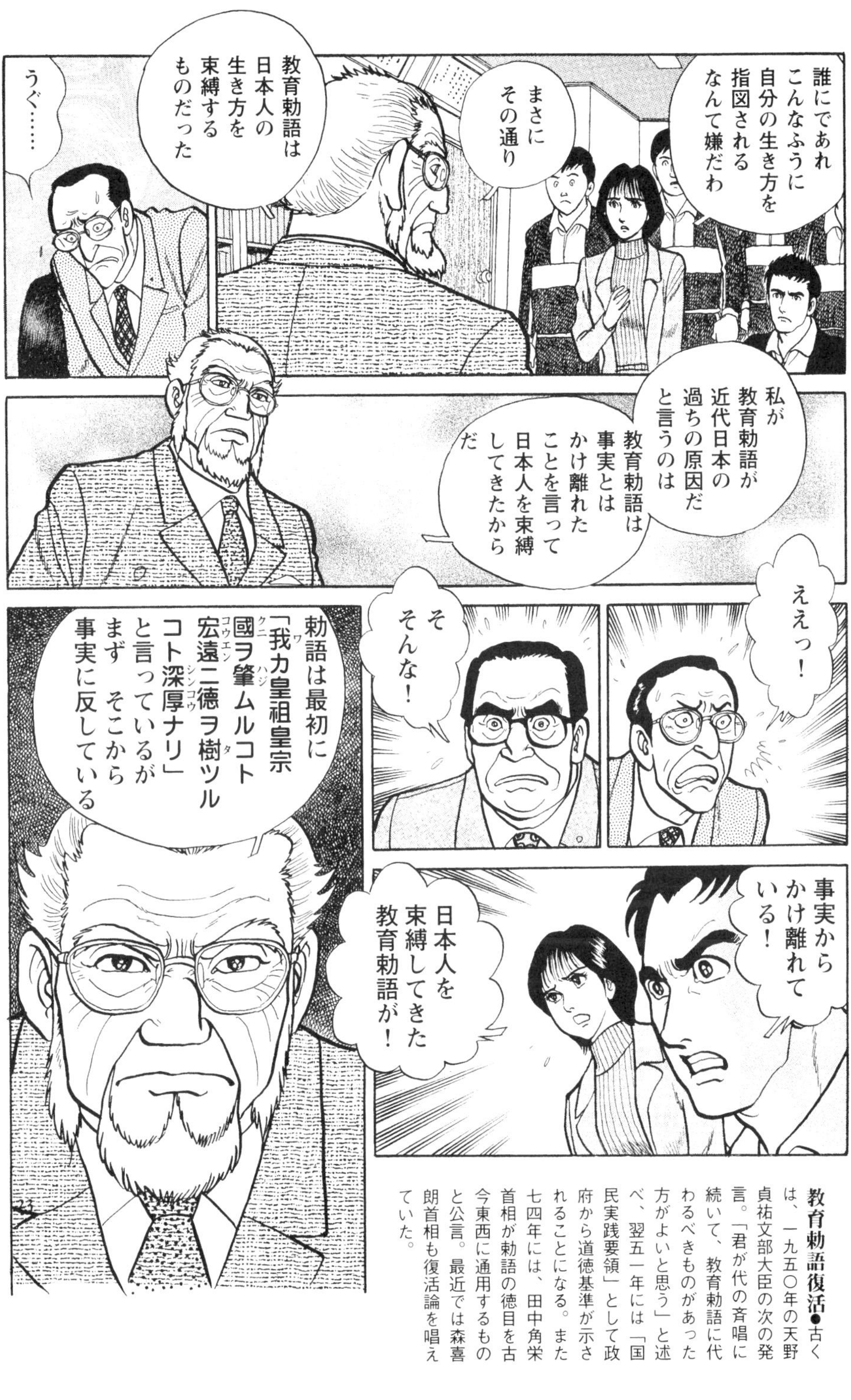

教育勅語復活●古くは、一九五〇年の天野貞祐文部大臣の次の発言。「君が代の斉唱に続いて、教育勅語に代わるべきものがあった方がよいと思う」と述べ、翌五一年には「国民実践要領」として政府から道徳基準が示されることになる。また七四年には、田中角栄首相が勅語の徳目を古今東西に通用するものと公言。最近では森喜朗首相も復活論を唱えていた。

教育勅語は
最初に
「我カ皇祖皇宗
國ヲ肇ムルコト
宏遠ニ徳ヲ樹ツル
コト深厚ナリ」
と言っている
皇祖も皇宗も天皇の祖先のことだが
皇祖は天照大神《あまてらすおおみかみ》　または初代の神武《じんむ》天皇のこと
あるいは天照大神から神武天皇までの代々のこと
天照大神
神武天皇
綏靖天皇
皇宗は第二代綏靖《すいぜい》天皇以下の
代々の天皇のことを言う
はあ…
皇祖と皇宗
にはそういう
違いがある
のか

神武天皇●『古事記』『日本書紀』に伝えられる第一代の天皇のこと。前六六〇年に即位し、前五八五年に一二七歳で没したといわれるが、もとより事実ではない。初め日向の国の高千穂宮《たかちほのみや》にいた神武天皇は四五歳のとき東征を企て、日向を出発。筑紫、吉備をへて難波に至り、そこで長髄彦《ながすねひこ》と戦い、兄を失う。転じて熊野に向かい、天《あま》照大神《てらすおおみかみ》の派遣した八咫《やたの》烏《からす》に導かれて大和の宇陀に入る。ここで長髄彦らを破り、大和を征服。橿原《かしはら》を都と定め、初めて天下を治めた天皇という意味の〈始馭《はつくに》天下之天皇《しらすすめらみこと》〉と呼ばれたというが、これらの話は基本的には歴史的事実ではなく、建国神話の一部として語り出されたものと考えられている。

あくまでも
神話で事実
ではない
勅語がここで
「國ヲ肇ムルコト宏遠」
と言っているのは
第一代の神武天皇自身
天から人間界に降りてきた
「ニニギノミコト」という
神様の曾孫で
天上の神々の中で
最高の位にある天照大神の
神勅を受けて日本の国を
作ったという神話を
踏まえてのことだ
おほん
ごほん。。
『古事記』や『日本書紀』を
読んでみると
日本の神話の良い意味での
おおらかさ
荒唐無稽さは
大したものだ
伊邪那岐命
伊邪那美命
たとえば
日本の国土を
産んだ神とされる
「イザナギノミコト」が
川の水で左目を洗ったら
現れたのが天照大神だという

イザナギ、イザナミによる「日本誕生」の図（『鮮斎永濯画譜』より。国立国会図書館蔵）。「伊邪那岐命と伊邪那美命が天の浮橋に立ち、天の瓊矛を下界にさし降ろしてかきまわし、引き上げたところ、矛先からしたたり落ちた滴が固まって島となった」とされている。

天照大神●記紀神話に登場する太陽神的性格の女神。天皇家の祖神・守護神として、伊勢神宮にまつられている。伊邪那岐《いざなぎ》・伊邪那《いざな》美《み》両神の長子として生まれ、伊邪那岐命がみそぎで左目を洗ったときに成りいでたという（右目からは弟の月読《つくよみの》命《みこと》が生まれた）。アマテラスは、天界の高天《たかまが》原《はら》の統治を命じられて天に昇るが、弟神スサノオの乱暴を恐れて天の岩屋戸にこもってしまう。国中が暗闇になったが、天鈿女命《あめのうずめのみこと》の踊りによって出てくると光があふれた、という。

へえ？左目を洗って生まれたのが天照大神
面白いわ
その天照大神の孫が「ニニギノミコト」で
その曾孫が神武天皇だ
それじゃ天皇は「イザナギノミコト」が左目を洗ったら現れた神様の子孫ということね
天皇は神の子孫だから現人神《あらひとがみ》だとされていたんでしょう
でも
その大元の神様がそんなものだと知ってしまうと何だか気が抜けてしまうなあ
おほん おほん
王は神の子孫であるという神話とか
王の権利は神に与えられたという「王権神授説」などは
専制君主のいるところ世界中どこにでも存在したもので
日本だけにある珍しい話ではない

「王権神授説」は
高校の世界史で
習ったわ
フランスのルイ一四世
などの絶対専制君主が
主張したのよね
エジプトの
王様も神の子
なんだよね
インカの
王様も
人間社会が
まだ未開
だった時代には
どこの王様も
そんなこと
言って自分の
権威付け
してたのさ
問題は
「大日本帝国ハ万世一系ノ天皇之ヲ統治ス」
「天皇ハ神聖ニシテ侵スヘカラス」
と規定した帝国憲法が発布されたのが一八八九年
この「教育勅語」が出されたのが
一八九〇年だということだ

王権神授説●国王や皇帝は、その支配権を神から授かったものであるから神聖不可侵であり、人民は国王の命令には絶対に服従しなければならない、という政治思想を指す。王権を神から出発させるこの考え方は古代からあったが、特に一五世紀から一八世紀の西欧の絶対主義国家で重要な役割を果たした。教会勢力の介入を排除するとともに、下からの抵抗権を否定するのに用いられたが、市民革命の進展とともに影響力は失われていった。

リンカーンが「人民の、人民による、人民のための政治」の文句で有名な演説をゲティスバーグでしたのが一八六三年
パリ市民が「パリ・コミューン」を結成したのが一八七一年
そんな時代に日本は荒唐無稽な神話を国の基本方針を定めるものとした
日本は明治維新で近代社会として開けるどころか一〇〇〇年以上も前の未開時代に戻ったのだ
う……
ぐむ……
「人民の、人民による、人民のための政治」と「天皇ハ神聖ニシテ侵スヘカラス」じゃあまりに違いすぎるよ
荒唐無稽な神話を基本方針に据えて国際社会に乗り出した日本が大東亜戦争と称する戦争にはまりこんでいったのは当然の帰結だったのね
むぐぐ……

人民の、人民による、人民のための政治●

リンカーンによってなされた、このアメリカ史上最も有名な演説は「ゲティスバーグの演説」と呼ばれている。南北戦争中の一八六三年一一月一九日、南軍の北部侵入を防いだ最大の激戦地ペンシルベニア州ゲティスバーグで行われたもの。国有墓地の戦没者の慰霊式典で、リンカーンは「八七年前、我々の先祖たちは……すべての人は平等につくられているという信条に捧げられた新しい国家をこの大陸にうちたてた」で始めた演説を、この言葉で締めくくった。

神話は民族の文化遺産として大事にする価値があるかもしれないが
天皇を神格化するためにそれを国民に信ずることを強要したのがこの教育勅語だ
勅語はさらに天皇の祖先は徳を深く厚くうち立てたと言っている
天皇は現人神で先祖代々徳も厚いというんじゃわれわれ国民はひたすら天皇をありがたがって拝むしかないなぁ
天皇家は代々私利私欲のない御心の深い方ばかりだ
金井副学長では尋ねるが叔父　甥《おい》　兄弟殺し合うのが徳の厚い人間のすることか
え！
天皇家自身が編纂《へんさん》した史書『日本書紀』には天皇家の重ねてきた残虐行為不道徳な行為が山のように記されている
天皇家自身の残した記録が教育勅語は事実からかけ離れていることを証明しているのだ

パリ・コミューン●一八七〇年七月に勃発したプロイセン・フランス戦争がフランスの敗北に終わった直後の七一年三月一八日から五月二八日まで、パリに樹立された労働者階級中心の革命政権をいう。パン職人の夜業禁止や労働者組織による自主管理など進歩的な政策を打ち出したが、次第にコミューン（評議会）の内部対立が深まり、それに乗じて政府軍がパリに侵入。「流血の一週間」と呼ばれる激しい市街戦が行われ、三万人近くのパリ市民が虐殺された。

日本書紀
『日本書紀』は天皇家自身が編纂した史書であるにもかかわらず天皇家代々の残虐な行いや醜聞が多く記録されている
たとえば第二〇代の安康《あんこう》天皇は大草香皇子《おおくさかのみこ》を殺しその妻を自分の皇后とする
ところが大草香皇子と皇后の子どもである眉輪王《まよわおう》は後に安康天皇が酒に酔って自分の母である皇后の膝を枕にして寝ているところを殺してしまう
すると後の第二一代の雄略《ゆうりゃく》天皇になる安康天皇の弟がその眉輪王を殺してしまう
うわあ恐ろしい！
ハムレットよりすごいわ！

日本書紀●日本最初の官撰の歴史書。『古事記』が天皇と少数の文人による内輪の作業だったのに対し、朝廷の公的な事業としてつくられたもの。編纂の開始は天武朝と推測され、四〇年を要して七二〇年に舎人《とねり》親王らが完成。全三〇巻のうち、巻一と二は神代巻で神話的物語。巻三は神武、巻四は綏靖・安寧《あんねい》ら八人の天皇、巻五は崇神《すじん》と続き、巻三〇の持統まで一代あるいは数代の天皇の歴史を、年月日ごとに書く編年体で記している。ほぼ史実なのは天武紀・持統紀といわれている。

さらに
雄略天皇は
自分の兄たちを何人も殺す
わがまま勝手に部下を斬り殺す
自分の求めに背いて他の男と
通じた婦人とその夫を焼き殺すなど
人を殺すことが多かったので
人々は天皇を「大悪の天皇」と
誹謗《ひぼう》したとある
ひゃあ……
無茶苦茶じゃないか！
大悪の天皇！
凄いのは
第二五代の武烈《ぶれつ》天皇だ
天皇は妊婦の腹を割き
人の生爪をはいでその手で芋を掘らせ
人を池の樋《とい》に入らせて
流れ出てくるところを矛で突き殺して遊び
人の髪の毛を抜いて木に登らせて
その木を切り倒して殺すのを楽しみにし
いつも酒に酔いしれて
遊びほうけて贅沢《ぜいたく》をし
人民が飢えているのも気にしなかった
と書紀には書いてある

武烈天皇●『日本書紀』で武烈天皇は次のように書かれている（なお、最初に出てくる「二年」とは、天皇に即位して二年目という意味である）。
「二年の秋九月《ながつき》に、孕《はら》める婦《をみな》の腹を刳《さ》きて、其の胎《このかたち》を観《みそなは》す。三年の冬十月《かむなづき》に、人の指甲《なまつめ》を解《ぬ》きて、署預《いも》を掘らしむ。（中略）四年の夏四月《うづき》に、人の頭《かしら》の髪《かみ》を抜きて、樹《き》の巓《すゑ》に昇らしむ。樹《こ》の本《もと》を斮《き》り倒《たふ》して、昇《のぼ》れる者《ひと》を落《おと》し死《ころ》すを快《たのしび》とす」（『日本古典文学大系68　日本書紀下』岩波書店による）

そりゃ無茶なんてもんじゃないよ!
残虐すぎるわ!
一体そのどこが「徳ヲ樹ツルコト深厚」なんだよ
いや『日本書紀』の雄略天皇から武烈天皇までの記述はそのまま史実として取るべきではないという説が最近は有力です
中国の史書は一つの王朝の正当性を強調するためにその前の王朝を過度に悪く書く
それの影響を受けて『日本書紀』は武烈天皇の悪事を創作したのだろうと言われています
うむ
その考えは一理ある
というのは武烈天皇の次の第二六代継体《けいたい》天皇について書紀は「仁慈《じんじ》があり　孝順である」と賞賛しているからな
第20代 安康天皇
第21代 雄略天皇
第22代 清寧天皇
第23代 顕宗天皇
第24代 仁賢天皇
第25代 武烈天皇
第26代 継体天皇
第27代 安閑天皇
第28代 宣化天皇
第29代 欽明天皇
第30代 敏達天皇
だがそうであるなら継体天皇の代でそれまでの血統と違う王朝に交替したことになり天皇家は万世一系《ばんせいいっけい》ではなくなってしまう
うう
それは……

万世一系●永遠に同一の系統が続くことをいう。大日本帝国憲法の第一条には「大日本帝国ハ万世一系ノ天皇之ヲ統治ス」と記されたように、多く天皇家についていわれ、初代の神武即位から連綿と皇位が継承され、断絶は見られないという意味で使われてきた。しかし戦後、この「万世一系」の系譜を疑う説が出はじめ、特に水野祐氏が唱えた三王朝交替説（崇神に始まる古王朝、仁徳に始まる中王朝、継体に始まる新王朝の三つ）が有名である。

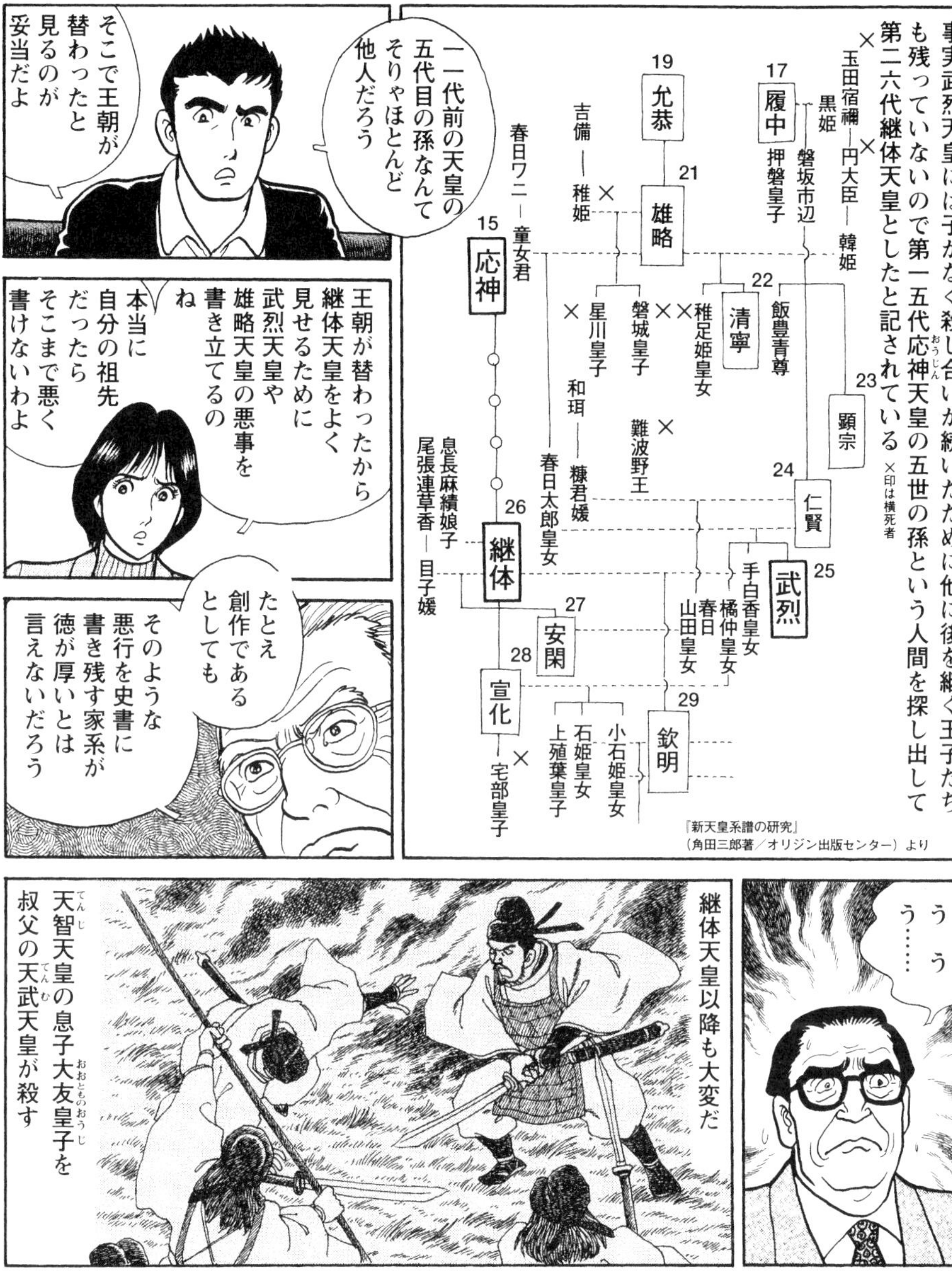
事実武烈天皇には子がなく殺し合いが続いたために他に後を継ぐ王子たちも残っていないので第一五代応神《おうじん》天皇の五世の孫という人間を探し出して第二六代継体天皇としたと記されている
×印は横死者
17 履中
押磐皇子
黒姫
玉田宿禰
円大臣
韓姫
磐坂市辺
19 允恭
21 雄略
吉備
稚姫
春日ワニ
童女君
15 応神
22 清寧
飯豊青尊
稚足姫皇女
磐城皇子
星川皇子
23 顕宗
和珥
糠君娘
難波野王
春日太郎皇女
24 仁賢
息長麻績娘子
尾張連草香
目子媛
26 継体
25 武烈
手白香皇女
橘仲皇女
春日山田皇女
27 安閑
28 宣化
29 欽明
小石姫皇女
石姫皇女
上殖葉皇子
宅部皇子
『新天皇系譜の研究』（角田三郎著／オリジン出版センター）より
一一代前の天皇の五代目の孫なんてそりゃほとんど他人だろう
そこで王朝が替わったと見るのが妥当だよ
王朝が替わったから継体天皇をよく見せるために武烈天皇や雄略天皇の悪事を書き立てるのね
本当に自分の祖先だったらそこまで悪く書けないわよ
たとえ創作であるとしても
そのような悪行を史書に書き残す家系が徳が厚いとは言えないだろう
うう……
継体天皇以降も大変だ
天智《てんじ》天皇の息子大友皇子《おおとものおうじ》を叔父の天武《てんむ》天皇が殺す

壬申《じんしん》の乱●天智天皇の息子大友皇子と、のちの天武天皇になる大海人皇子（天智天皇の弟）との間で皇位継承をめぐって争われた内乱を、壬申の乱（六七二年）という。大友を後継者にと考えた天智が実力者の大海人を疎んじるようになり、身の危険を察知した大海人は吉野へしりぞいた。六七一年末の天智没後、半年近く緊迫した情勢が続き、六月に大海人皇子が挙兵。戦いはわずか一か月で決着し、七月二三日、大友皇子は自殺をとげている。

すると　天智天皇の娘で天武天皇の后になりその亡き後女帝となる持統《じとう》天皇が　叔父で夫である天武天皇の息子・大津皇子《おおつのおうじ》を殺す
近親相姦・親子兄弟伯父甥の殺し合い　何でもありだ
ひえええ
ものすごい家系だなあ！
だが　天皇家はとくに残虐ではない
徳が薄いというわけではない
中国やヨーロッパにはもっと残虐な王家はたくさんある
チンギス・ハーン
チャールズ一世
ルイ一四世
則天武后
天皇家は継体天皇が位を継ぐ経緯などから見て万世一系もあやしい
世界史的に見れば普通のありふれた王家だ
近代日本の不幸は世界的な視野で見ればありふれた王でしかない天皇を神格化し神聖化し国民を縛りつけたことなのだ
天皇家は世界史的に見れば
他の国の専制君主と変わらないんだ
それを特別の存在のように思わせるために神話を信じ込ませたのね

大津皇子●天武天皇の第三皇子として生まれ、文武にすぐれ人望もあったことから、皇太子草壁皇子《くさかべのおうじ》につぐ皇位継承の有力候補だった。六八六年天武天皇が死んだ一五日後、皇太子草壁に謀反を企てたとして逮捕され、翌日処刑された。事件は草壁とその母・鸕野《うの》皇女（のちの持統天皇）の策謀ともいわれるが、大津皇子の母と鸕野皇女とは、天智天皇を父に持つ同母姉妹の間柄であった。

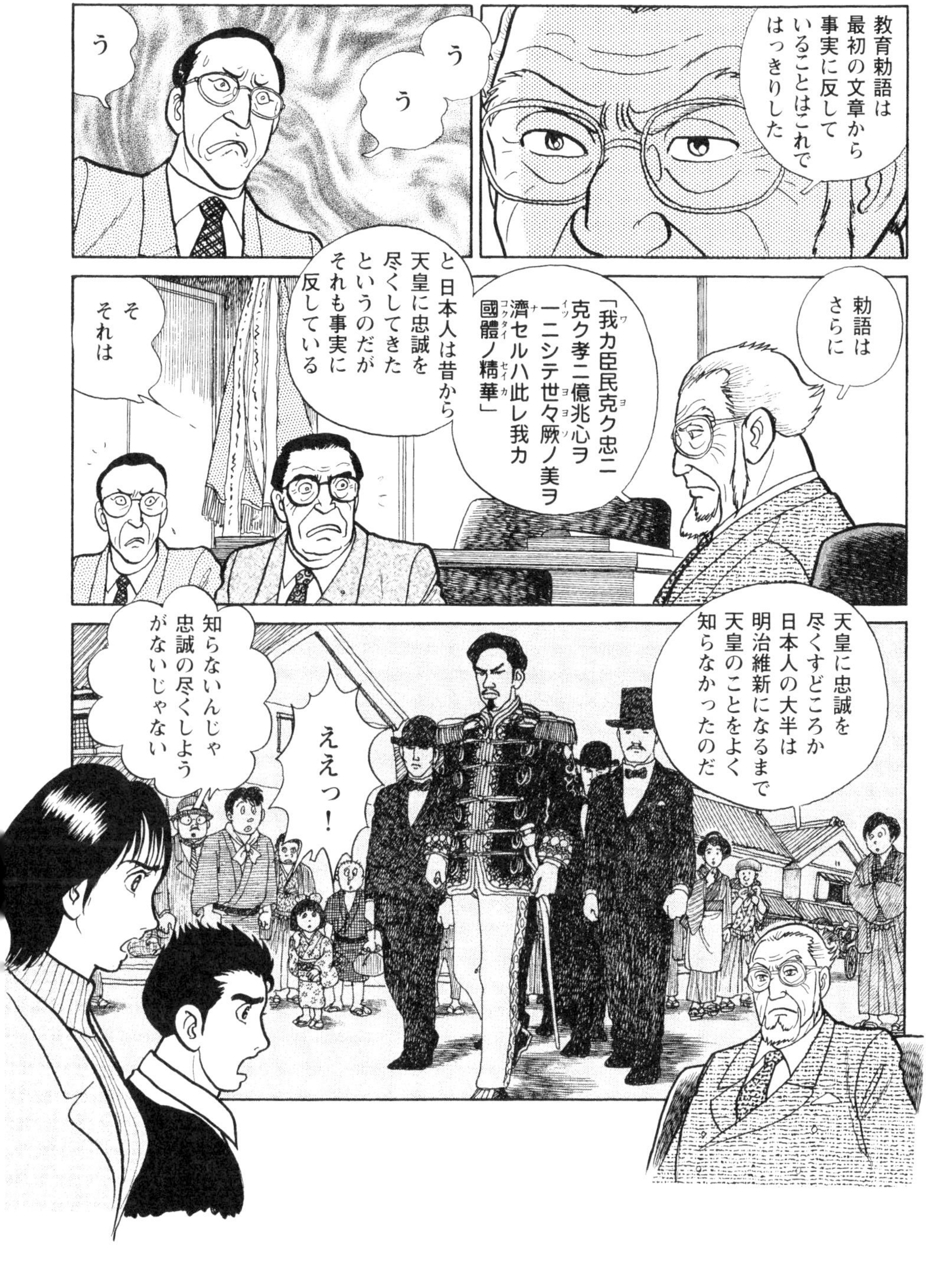

教育勅語は最初の文章から事実に反していることはこれではっきりした
う
う
う
勅語はさらに
「我《ワ》カ臣民克《ヨ》ク忠ニ克ク孝ニ億兆心ヲ一《イツ》ニシテ世々《ヨヨ》厥《ソ》ノ美ヲ濟《ナ》セルハ此レ我カ國體《コクタイ》ノ精華《セイカ》」
と日本人は昔から天皇に忠誠を尽くしてきたというのだがそれも事実に反している
そ それは
天皇に忠誠を尽くすどころか日本人の大半は明治維新になるまで天皇のことをよく知らなかったのだ
ええっ!
知らないんじゃ忠誠の尽くしようがないじゃない

奥羽人民告諭
明治維新後
明治政府は
各県で「人民告諭《じんみんこくゆ》」
というものを出して
国民に天皇について
教えた
たとえば
奥羽人民告諭では
「天子様ハ
天照皇太神宮様の
御子孫様にて
此世の始より
日本の主にましまし
神様の御位正一位など
国々にあるも
みな天子様より御ゆるし
被遊候わけにて
誠に神さまより尊く
一尺の地も一人の民も
みな天子様のものにて
日本国の父母に
ましませば……」
などと言っている
奥羽地方の
人は
天皇の存在さえ
知らなかったのが
これでわかるね
天皇とは
何なのか
一から教えて
いるじゃ
ないの

一八六九年に長崎で出された御諭書はもっと面白い
御諭書
「此日本ト言フ御国ニハ、天照皇大神宮サマカラ御継ギ遊バサレタ所ノ天子サマト云ガゴザッテ是ガムカシカラチットモ変ワッタ事ノ無イ此日本国ノ御主人サマヂャ（中略）天子サマト云モノハ色々御難渋遊バサレナガラ今日マデ御血統ガ絶ズドコマデモ違ヒナキ事ヂャ。何ト恐レ入タ事ヂャナイカ……」
などと言っている
こんなことを教えなければならなかったのは
国民が天皇をこの国のご主人様だとは思っていないことが政府にはわかっていたからだな
ご主人様だと思っていない者に忠誠は尽くせないよな
明治以前の日本人のうち武士にとって忠誠を尽くす対象は自分の属する藩の藩主であり天皇ではない
うむむ…

武士以下の階級の者は自分たちの住む国の藩主以下の武士たちに支配されていて　天皇を自分たちと関係がある存在としてとらえられるはずもなかった　したがって　日本人が昔から天皇に忠誠を尽くしてきたというのは事実に反することだ
確かにそうだよね　鎌倉時代以後日本は武士の支配下にあったんだから　天皇に忠誠を尽くすなんてことはあり得なかったはずだよ
天皇家の起源は「宏遠だ」などというのは荒唐無稽な神話の中だけの話で事実ではない
代々の天皇が徳の高い者ばかりだったというのも事実に反する
そして日本人が昔から天皇に忠誠を尽くしてきたというのも事実に反する
このように基本的なところがすべて事実に反する教育勅語に一体どんな価値があるというのだろう
そ　それは……
うぐ……
そんな事実に反するでっち上げばかりじゃ　とても教育的とは言えないわ

たしかに初期の天皇は政治の主体として活躍したが
藤原氏の摂関政治以来天皇は力を失い政治の主体となることはなかった
武家政治が始まってからは将軍に「征夷大将軍」の称号を与えるだけの役割しか担わなかった
もともと暴力集団だった武士が権威付けのために天皇を必要としたのであって一般国民に天皇は無縁の存在だった
そんな程度の存在だった天皇を「現人神」に祭り上げ天皇を崇拝しありがたがる心理を国民に強制的に植えつけたのが近代日本の不幸の原因だ
奉祝大典
天皇を崇拝しありがたがる心理は
日本人にとってほんの新しいものなのね
生きている人間を「現人神」として崇拝する非合理さが極端な独りよがりの精神主義に日本を駆りたてその挙げ句日本は「八紘一宇」などと身勝手で正気を失った言葉を振り回し無謀な戦争を始めて自滅する結果を招いたのだ

征夷大将軍●元来の意味は、東北の蝦夷《えぞ》征討のため、朝廷から任命された総指揮官の称。七九七年の坂上田村麻呂を筆頭に、奈良から平安初期にかけてしばしば任命されたが、その後中絶。源平争乱期に源義仲が任命されて復活し、一一九二年には源頼朝が任ぜられて鎌倉幕府を開いた。以後、武士で天下の権を握るものの地位を表す言葉となり、源氏三代・足利氏・徳川氏と代々の幕府の首長はこの職を世襲することになった。

大昔の神話を現代に持ち込んで天皇を神として崇拝しろだなんて
本当に非合理極まりないことだよな
そんな非合理な天皇崇拝を教え込む手段の一つが教育勅語だったのね
その通り教育勅語は道徳教育の形を取っているがその実国民を天皇に縛りつけるためのものだったのだ
「君が代」の歌詞はこの非合理な天皇崇拝を称揚するものだし「日の丸」はアジア各国を侵略した天皇の軍隊・皇軍がその先頭に押し立てていたものだ
「君が代」と「日の丸」を拒否することは近代天皇制の呪縛から逃れるための第一歩だよ

何ものからも自由なわれわれ国民の意識に合った国歌国旗であれば歌うし敬意も表しますよ
今度のことでわかったけれど日本人ってまだ天皇に縛られているのね
保守反動に流れていく今の世相の中で天皇を戦前の天皇に近づけようと画策する勢力も目立つようになってきた
われわれ日本人にとって天皇とは何かさまざまな角度から検討する必要があるようだね

なぜいま「教育勅語」を問いなおすのか

天皇は現人神、という神話を日本人に刷りこんだ「教育勅語」。その内容を検証することで、近代天皇制の真の姿が見えてくる。

熱烈な伊勢信仰は天皇崇拝の表れか

「近代天皇制」がそれまでの天皇制と決定的に違う点は、国民一人一人が天皇の存在を意識させられ、個人としての生き方まで天皇によって支配されたことである。

明治以前の日本の庶民は天皇の存在をほとんど意識することがなかった。だから、明治新政府は漫画の中にも書いたように、「人民告諭」とか「御諭書」などを各地で出して、天皇の存在それ自体を庶民に教えこむことから始めなければならなかったのである。

それに対して、たとえば石井良助はその著『天皇——天皇統治の史的解明』（弘文堂）の中で、明治以前に庶民による伊勢参りが盛んであったことを取り上げて、伊勢神宮が天照大神、すなわち天皇家の祖先を祀《まつ》っていることから、「当時において、領主を異にしていても、全国民は直接には伊勢の、そして神宮をつうじて間接的に天皇を統合者として、統合されていたものというべく、《中略》（天皇は）国民の精神的統合者たる地位にあったものということができるであろう」と言っている。石井良助だけではない。伊勢参りが盛んだったことをもって、日本人は明治以前から天皇を崇拝していたと言う人間は多い。

だが、これは、全く正反対である。もし、天皇が本当に国民の精神的統合者の地位にあったのなら、国民は伊勢神宮などに行かず京都御所に行けばよいではないか。現在新年の行事として行われているような皇居参拝が許されるような状態になかったとしても、皇居遙拝《ようはい》くらいはできただろう。

真実は、当時の人々は伊勢参りを半分行楽としていて、伊勢神宮の内宮《ないくう》と外宮《げくう》の間にある伊勢古市には参拝客目当ての遊郭までもが繁盛していたことにある。古市は江戸の吉原、京の島原、大坂の新町、長崎の円山と共に当時屈指の遊里であり、中には古市の遊郭で遊ぶのが目的で伊勢参りに出かける者もいたほどで、そのようないかがわしい遊び半分の伊勢参りを取り上げて「国民は伊勢神宮を通じて天皇に統合されていた」などと言われては天皇も迷惑だろう。

現実に、皇居遙拝をした人間もいる。今でも京都の三条大橋のたもとに銅像が残っているので有名な高山彦九郎という人物だが、後醍醐天皇と争ったことによって朝敵とされた足利尊氏の墓を鞭《むち》打ったりした大変な勤王家で、当時の天皇家が徳川幕府によって事実上幽閉状態にあったのをいたんで、三条大橋のたもとにぬかずいて皇居を遙拝して泣いたという。銅像は近代になってその高山彦九郎の勤王精神を称えて作られたものだが、実際に皇居遙拝をしたのが高山彦九郎一人だけだったから銅像も建ったのである。大勢の国民が皇居遙拝をしていたらいちいち銅像を建てているわけにはいかない。徳川幕府は朝廷を厳しく監視していたから、うっかり皇居遙拝などしたら厳罰を食らったかもしれないが、本当に国民が天皇を精神的統合者として捉えていたら、高山彦九郎以外にも何人か皇居遙拝くらいする人間がいてもおかしくないはずだ。

伊勢参りは、伊勢神宮が御師《おし》という人々を組織して日本中に伊勢信仰を流布した結果、地方に「伊勢講」「神明講」などの組織が結成されて盛んになったもので、伊勢神宮はいつの間にか民衆の信仰の対象となってしまったのである。特に六〇年に一度のありがたい年、「おかげ年」に参拝すればご利益が増すとされて、江戸時代に都合六回全国から民衆が集団で伊勢参りをする「おかげ参り」という現象が生じた。文政一三（一八三〇）年の「おかげ参り」の際には伊勢の宮川の渡船場を渡った人の数は四か月間で四二〇万人を超えたというから、いかに熱狂的なものだったかわかる。

民衆が天皇家の祖先とされる天照大神を祀る伊勢神宮に対してそれほどの熱烈な信仰心を抱いていたからには「国民は伊勢神宮を通じて天皇に統合され

ていた」と言いたくなるのかもしれないが、実際には、伊勢信仰は他の寺社信仰と同様の現世利益を求める信仰になってしまっていて、伊勢参りをしても、京都に天皇がいることすら思いつかず、遊郭で遊んだりする。それが当時の国民だったのだ。

石井良助らの意図とは逆に、伊勢参り、伊勢信仰の熱烈さを語れば語るほど、民衆がいかに天皇に対して無関心だったかがあらわになるのである。

天皇家の歴史が明かす「教育勅語」の嘘

このように、明治以前の日本人は天皇の存在を意識することもなく、ましてや、その天皇によって、国民一人一人の精神までもが支配されるようになるとは夢にも思わなかっただろう。

その日本人の精神を「近代天皇制」の鋳型《いがた》に押し込む役目を果たしたのが「教育勅語」なのだ。であるから、「教育勅語」を検討することで「近代天皇制」の真の姿が見えてくる。

「教育勅語」は日本国民に天皇に忠誠を尽くすことを要求するものであるが、その根拠となるものがすべて歴史的事実と反することは漫画の中に書いたとおりである。

その、歴史的事実と反するところをもう一度、箇条書きにして挙げてみよう。

(1)「皇祖皇宗国を肇《はじ》むること宏遠」

(2)「(皇祖皇宗の)徳を樹つること深厚なり」

(3)「我が臣民克く忠に克く孝に億兆心を一にして世々《よよ》厥《そ》の美を済《な》せるは此れ我が国体の精華」

以上三点が事実と反することは漫画の中で指摘したが、その他に漫画の中では書ききれなかったものがあるのでそれも記そう。それは、

(4)「(いざとなったら皇室国家のために尽くすことは)独り朕が忠良の臣民たるのみならず又以て爾《なんじ》祖先の遺風を顕彰するに足らん」

(5)「斯《こ》の道は実に我が皇祖皇宗の遺訓にして」

の二点である。

(4)については漫画にも書いたし、伊勢参りのところでも触れたとおり、日本国民は「近代天皇制」に取り込まれるまでは、天皇の存在自体を意識しなかったのだから、我々の祖先が皇室国家のために尽くすなどという考えを持つことは不可能であり、全くあり得ないでっち上げである。したがって、そんなことが私たち祖先の遺風を顕彰するものであるわけ

がない。天皇家が自分たちの家系についていい加減なことを言うのはともかく、私たちの祖先について、そんなデタラメを言わないでもらいたいものだ。

⑸については、「斯の道」というのは、それ以前に説いたことのすべてを指すものと考えられるが、たとえば「兄弟《けいてい》に友《ゆう》に夫婦相和し朋友相信じ恭倹己《きょうけんおの》れを持し博愛衆に及ぼし」などということは、天皇家の遺訓としてはあり得ないことは、天皇家の歴史を読めばすぐにわかることである。

漫画の中には、天智天皇（中大兄皇子）の息子である大友皇子が、天智天皇の弟、すなわち大友皇子の叔父・大海人皇子（後の天武天皇）に殺された「壬申の乱」について書いておいたが、天皇家が自ら編纂した『日本書紀』の中には、それ以外にも天皇一族内の殺し合いのすさまじさが無数に記録されていて、読んでいると胸が悪くなるほどだ。

自分の兄の息子を殺した天武天皇の所業は「兄弟に友に」という文言に完全に反するものであるが、大友皇子の父親・天智天皇も孝徳天皇の皇太子・中大兄皇子だったときにはもっとひどいことをしている。

当時の右大臣・蘇我倉山田石川麻呂を、蘇我日向という男が陥れるために「中大兄皇子に対して謀反を起こそうとしている」と偽りの告げ口をしたのを真に受け、皇子は石川麻呂を死に追いやり、自殺した石川麻呂の体を日向は部下に命じて損傷した上に首を斬ってしまう。ところが、なんと、石川麻呂は中大兄皇子の妃の一人、蘇《そ》我《が》造媛《みやつこひめ》の父親であって、蘇我造媛は父親を殺された苦しみのために死んでしまうのである。

この事例一つを取っても、「朋友相信じ」「夫婦相和し」などということが「皇祖皇宗の遺訓」などとはとても言えないことがわかる。

教育勅語を出した本人は何をしていたのか

こんなことはほんの一例であって、一つ一つ挙げていくときりがない。「有間皇子」「大津皇子」「長屋王」など、数々の皇族の、皇族による無残な殺され方が『日本書紀』には記されている。

「教育勅語」は『日本書紀』の神話部分を元に天皇の権威付けを行っているのに、同じ『日本書紀』の中の天皇一族が重ねた数々の血で血を洗うとしか言いようのない残虐な行為についての記述は無視して、逆に天皇家が「徳を樹つること深厚なり」などと言っている。『日本書紀』をきちんと読めば、「教育勅語」をまともなものとして受け入れることはとうてい不可能である。

もっとわかりやすい例を挙げよう。明治天皇には美子《はるこ》という名の皇后がいた（後に昭憲皇太后と追号される）。ところが、明治天皇の後を継いだ大正天皇の生母は早蕨典侍《さわらびのてんじ》・柳原愛子《やなぎはらなるこ》である。典侍とは宮中の女官であって皇后ではない。要するに、明治天皇は正妻である皇后以外の女性に子供を生ませ、その子供を自分の後継ぎにしたのだ。しかも、明治天皇の側室は柳原愛子以外にも数人いた。それも宮廷内に住まわせているのだから俗に言う「妻妾《さいしょう》同居」である。皇后美子はどんな気持ちがしたであろうか。とても、「夫婦相和す」というわけにはいくまい。「夫婦相和すのが皇祖皇宗の遺訓である」という「教育勅語」を出した本人がそういうことをしているのである。

今まで記したような事実を踏まえて「教育勅語」を読みかえすと、まことにそらぞらしいというか、白々しいというか、索漠とした気持ちになる。

ところが、この「教育勅語」の発布された明治二三年から昭和二〇年まで、六〇年近くにわたって日本人は「教育勅語」を金科玉条として守り続けなければならなかった。明治になるまで天皇の存在すら知らなかった日本人が、この「教育勅語」によって、天皇に忠義を尽くし、いざという時には天皇に命を捧げるための教育に駆りたてられていったのである。

明治以前にはなかった写真や印刷技術の導入、そして学校教育の普及も大きな役割を果たした。それまで見ることもなかった天皇の姿を日本人は写真によって見ることができるようになったし、新聞雑誌は天皇崇拝を国民に説く言説を繰り返し掲載した。さらに、学校教育の場で日本人は子供のころから天皇を畏《おそ》れ敬う心を植えつけられ、結果として「近代天皇制」下の日本人はそれまでとは全く異なって、日常的に天皇を意識せざるを得なくなり、生き方までも天皇によって規制されたのである。

この「教育勅語」に「近代天皇制」のすべてがある。そもそも天皇の権威付けをするものが荒唐無稽《むけい》な神話しかないという没理性的な前提。昔から日本人は天皇に忠誠を尽くしてきたという歴史の改竄《かいざん》。封建的な家父長制道徳観念の強制。天皇に対する崇拝と屈従の強制。このように一切の理性を欠いているのが「近代天皇制」の特徴の一つである。人間にとって一番大事な教育の根幹をこのような非理性的な勅語に据えていたのだから、日本があの無謀な戦争に突入し無惨な敗北を喫したのも、当然のことだろう。

「教育勅語復活」は何のためなのか

今また、「教育勅語にもいいことが書いてある、教育勅語を見直すべきだ」と言う人々が、政治家や評論家の中に少なからず現れてきた。彼らの言うところによると、「いいこと」というのは、「教育勅語」の中の「父母に孝に」以下「国法に遵《したが》ひ」に至るまでの道徳教育的な部分であるらしい。であれば、「教育勅語」を持ち出すことなく、その道徳教育的部分を「教育勅語」とは別に説けばよかろう。それなのに、国民を天皇に忠節を尽くすように教育することを目的とした「教育勅語」をどうしてわざわざ持ち出す必要があるのか。

彼らの意図は、日本をもう一度「教育勅語」の世界に引き戻すことなのだろう。それは最近勢いづいてきた「歴史の書き換え」を要求する人たちの意図とも重なる。彼らは共に明治以降の日本の海外侵略を侵略と認めず、むしろ中国・朝鮮に侵略を開始した明治時代の日本を、意気潑剌《はつらつ》たる青年に例えて、賞賛する。事実を曲げてまで民族的自己愛に陶酔しているその姿は醜悪な限りだが、そんな彼らだからこそ、過去の歴史から何も学ぶことなく同じ道を引き返そうとするのである。

それに、そのまま明治憲法下の社会に戻せなくても、「教育勅語」の道徳教育的部分を強調することは、権力を握る者たちにとっては大いに役に立つだろう。

なぜなら、「教育勅語」が示している道徳は、封建的な家父長制の道徳であり、この権威に対する絶対服従を旨とする家父長制道徳で縛って従順にしておけば、いざという時に国民を天皇のために動員することがたやすくなる。国民をそのように従順に仕立て上げることは、今の世で権力を握る者たちにとっても一番望ましいことだからである。

すべての理性を失わせた近代天皇制

一九四一年に文部省教学局が編纂した『臣民の道』

の序言は次のように始まっている。

「皇国臣民の道は、国体に淵源し、天壌無窮の皇運を扶翼し奉るにある。それは抽象的規範にあらずして、歴史的なる日常実践の道であり、国民のあらゆる生活・活動は、すべてこれ偏へに皇基を振起し奉ることに帰するのである」

「教育勅語」の延長にこの『臣民の道』はあるのだが、まことに、ここに書かれた通り「近代天皇制」は抽象的規範を求めたのではなく、日常的なあらゆる生活・活動を天皇のために捧げることを要求した。

その結果がどうなったか、その一つの例を挙げよう。

第二次大戦末期の一九四三年になると、兵力不足を補うために在学中の大学生も繰り上げ卒業させられ、兵士として駆り出された。これを「学徒出陣」というが、出陣した学徒兵の総数は二十数万人と推定されている。その多くが、中国や南方の戦線に送られて戦死しているのである。

さらに、一九四四年三月になると、労働力の不足を補うために政府は「決戦非常措置要綱ニ基ク学徒動員実施要綱」を閣議決定し、中等学校以上の生徒は男女を問わず、軍需生産、食糧増産、防空防衛に動員された。その数は一九四五年七月には三四〇万人に達したという。しかも、その多くの生徒たちが米軍の空襲で命を落とした。日本の若者たちは「教育勅語」の言うとおり、「一旦緩急有れば義勇公に奉し」たのである。

その学徒出陣式で時の東条首相は学徒兵に対して「(兵として天皇のために戦うのは)諸君が悠久の大義に生きる唯一の道」と訓示をした。悠久の大義とは、初代神武天皇の言ったとおり「八紘一宇(世界中を天皇の支配下におくこと)」を成しとげることを意味する。およそ、まともな理性があれば学業途中の学生を兵として遠方に送り込むはずがないが、理性を失った東条は、死地に送り込むだけでなく、学生たちに神話の中の神武天皇の言葉をもって訓示としたのである。

かくの如く「近代天皇制」は、日本人一人一人の精神の中にまで侵入し、すべての理性を失わせたのだが、その大元が「教育勅語」であることを我々は忘れてはならない。我々は理性と科学的な歴史観をもって「近代天皇制」を検討しなければならないのだ。

第2章 近代天皇制の毒

御真影を納めた奉安殿の前で「捧げ銃」をする国民学校の生徒たち。

一月二日　都内
東塔大学理事長
岡原修造邸
明けまして
おめでとう
ございます
やぁ
おめでとう
サッカー部の
坂本治と
畑野なつ子を
一緒に連れて
来ました
おめでとう
ございます
まぁ
お嬢さんたち
素敵ね
花が咲いた
みたい
わ
花だ
なんて
うれしいわ

さ
上がってくれたまえ
去年はサッカー部は大活躍して東塔大学の名を大いにあげてくれた今年も頑張ってくれ
もちろんです
でも去年みたいなもめごとは嫌だな
あらもめごとって？
澄川君が大学選手権の開会式で「君が代」を歌わなかったのでサッカー部を退部になりかけたんです
まあ
理事長のおかげで退部にならずにすんだんですけど
「君が代」だの「日の丸」だのそんなどうでもいいことでもめるのは馬鹿らしいよ

どうでもよくないよ
天皇はわれわれにとって重大な問題なんだ
天皇のことなんか本気で問題にするのは年寄りか右がかった人だけさ
普通の人それもおれたちのような若い世代にとっては天皇なんて関係ないよ
そうよ天皇なんて天皇の好きな人に任せておけばいいのよ
そんな馬鹿な…
天皇ってそんなちっぽけな問題じゃないわ
あらあら
意見が割れるわね
ふむ……
今日は二日だな
ちょっと皆で出かけないか
え？出かける？
どこにですか？

すごい人の群れだ
この人たちは皆……
天皇一家に新年の挨拶に来たんだ
ほら天皇一家のお出ましよ
天皇陛下ばんざーい！
皇后陛下ばんざーい！

天皇陛下ばんざーい！
皇太子殿下万歳！
何という熱気！
圧倒されるわ
興奮して涙ぐんでいる人もいるよ
いったいこの熱気は何なの
若い人も多いよ
岡原
よく見ておきたまえ
これが日本の現実なんだ

天皇を敬愛するのも崇拝するのもそれが個人的な範囲で収まっていれば何も言うことはない
個々人の信条は尊重されなければならないからね
今日参賀に集まった人たちの天皇に対する熱狂ぶりも彼ら自身にとどまる限り第三者がとやかく言うことはない
でも
この天皇に対する熱狂がかつて日本人の心を日本の国土をそしてアジアの国々を焼きつくしたのよ
天皇に対する熱狂が……
日本とアジアを焼きつくした……
今の若い人は天皇なんかたいした問題ではないと思うかもしれない
だが天皇制を甘く見てはいけない
近代天皇制の毒は強烈だ そして若い人はその毒に免疫を持っていないのだ
近代天皇制の毒！

ところで君たち
さっき見た天皇一家に対する群衆の熱狂をどう思うかね
いやどうもピンとこないんです
涙を流している人もいたけどどうしてそんな気持ちになるのかわかりません
天皇はわれわれと同じ生身の人間でしょう
どうして生身の人間をありがたがるの
天皇は私たちとはまったく無縁なんですもの
何か感じろと言われても無理です
は.は.は.

君たちは明治維新前の一般的な日本人そのままだね
明治以前の一般的な日本人にとって天皇は無縁な存在だったから
今日見たような熱狂を示すことはありえなかったんだ
そうか明治になって天皇の存在を教えるための「御諭書」が出されたんだ
天皇のことを知らなかったら熱狂することもありえないわね
へえ
ポカーン…
明治以前の日本人は天皇に熱狂することがなかったのにどうして今の日本人の中には熱狂する人がいるんだろう
それは明治維新政府が権力を維持するために取った政策のせいなんだよ
明治維新政府の政策?
明治維新の志士たち後の明治の元勲《げんくん》たちは木戸孝允や西郷隆盛を始めいずれも下級武士だったから大名や自分たちより身分の高い武士たちを押さえるために天皇を「玉《ぎょく》」と呼んでかついだ
木戸孝允
西郷隆盛

天皇の存在●江戸時代の天皇は「キンリサマ」「ダイリサマ」と呼ばれたように、ほとんど宮中の外に出なかったが、変わって明治天皇は頻繁に各地へ行幸した。一八七二年の近畿、中国、九州地方への巡幸に始まり、八五年までの六回にわたる巡幸は北海道から鹿児島にまで及んだ。大久保利通が説いたように「天皇の存在を広く天下に知らしめる」ために、こうした民情視察は行われたと考えられる。

「玉」！
それも美しい宝石という意味の玉ではなく取引に使える商品道具として使えるものという意味の玉なのよ
株や商品取引の世界で取引の対象になる証券や商品を玉と言うがそれと同じ意味で明治の元勲たちは天皇のことを「玉」と呼んでいた
明治維新の志士と呼ばれた人たちは「玉を奪われて残念」とか「うまく玉を抱えた」などと言って天皇を利用するために押さえようとしたのよ
権力を握った明治の元勲たちは明治政府の権威を高めるために天皇の権威を高める必要があった
岩倉具視
大久保利通
すごい露骨な言い方ね
天皇に対する尊敬の念なんか全然ないじゃないか

元勲●明治維新およびその後政府の中枢で重要政務の決定にあたった政治家たちをいう。当初は明治維新の指導者だった大久保利通、木戸孝允、西郷隆盛や三条実美、岩倉具視などを指したが、一八八九年伊藤博文が枢密院議長を辞任した際、天皇が辞任後も重要事件の諮問に答えるよう命じた「元勲優遇の詔」が出されてから一定の制度的地位を得た。他に黒田清隆、山県有朋、松方正義、井上馨、西郷従道《つぐみち》、大山巌《いわお》。後には「元老」と呼ばれた。

ところが明治天皇は一八六七年に即位したときは十四歳五か月の幼弱な少年だった
ええっ！
そんな子どもだったの！
京都の宮中で育ったから顔には白くお化粧をして眉も描いていたのよ
翌年成人して子どもの服を脱いでお歯黒をしたの
お歯黒！
江戸時代女性は結婚すると歯を黒く染めたのよ
上流の公家は男でも染めたのね

明治天皇の即位●

明治天皇が十四歳という若さで即位したのは、父の孝明《こうめい》天皇が一八六六年、三十五歳の時に疱瘡《ほうそう》で急死したからである。孝明天皇は、幕府側が要請した「和宮降嫁」（天皇の異母妹和宮と一四代将軍徳川家茂《いえもち》との婚姻）に周囲の反対をおして同意するなど、公武合体論の立場をとっていた。八月一八日の政変で尊攘派を京都から追放するなど、倒幕努力の障害となる行動も起こしていた。そのため「毒殺」という噂もあった。

お化粧して
眉を描いて
お歯黒をした
少年
それが
明治天皇！
ひえぇ。。。
いかめしい
肖像画とは
だいぶん印象が
違うよ
精神的にも
強くなく
『明治天皇紀』によれば
一八六四年
蛤御《はまぐりご》門《もん》の変の時には
騒ぎに驚いて
気絶したという
庶民の少年なら
それでもよいが
君主としては
たとえ十一歳でも
それでは英邁《えいまい》とは
言えまい
では
権威を高める
といっても
白塗り
描き眉
お歯黒をした
気の弱い生身の
少年を権威付け
しようとしても
それは難しい
そこで
維新政府の
取った政策が
天皇の神格化だ
そうか
幼弱な生身の
少年でも
神格化すれば
権威付けが
できるという
わけだ

明治天皇紀●一九一四年に宮内省に置かれた臨時編修局が編纂した明治天皇の記録。編年体で書かれており、六八～七七年に一三巻として刊行されている。

蛤御門の変●一八六四年七月一九日、尊攘派の長州藩と公武合体派の会津・薩摩藩らの間で起きた戦闘。禁門の変ともいう。その前年の「八月一八日の政変」で公武合体派によって京都を追われ、藩主が処罰された長州藩では、しだいに京都出兵の強硬論が台頭。久坂玄瑞《くさかげんずい》らの先発隊が京を囲み、藩主らの免罪を嘆願したが容れられず、ついに交戦となった。長州藩は一日で敗北、久坂らは自殺した。京都市中は約三万戸が焼失。二四日には長州追討令が出され、第一次長州戦争となった。

で 維新政府は『古事記』『日本書紀』の神話を持ち出して天皇に天照大神《あまてらすおおみかみ》以来の聖性を付与し神権的な権威付けをしたというわけだ
少年を権威付けするために神に仕立ててしまったのね
でも記紀の神話は天皇家が自分たちの支配を正当づけるために作ったとても政治的なものでわれわれ日本人一般が普遍的に共有できる神話じゃないわ
そうだよな
天孫降臨《てんそんこうりん》とか天壌無窮《てんじょうむきゅう》の神勅とか天皇家に都合のよい話ばかりで僕らは自分たちの神話として感情移入できないよ
その通り 明治になってから 天皇家という一氏族の私的な神話を日本人全体が信仰することを強要されたという意味で天皇を現人神《あらひとがみ》とする近代天皇制は明治になって起こった宗教なのだ
天皇を現人神とする近代天皇制は明治になって起こった宗教！
宗教であるからこそ天皇制の毒は強烈なのだ

天孫降臨神話●天照大神の孫（天孫）にあたる瓊瓊杵尊《ににぎのみこと》が、天界の高天原《たかまがはら》から地上界の葦原中国《あしはらのなかつくに》に降《くだ》された神話をいう。降った場所が筑紫《つくし》（九州）の日向《ひむか》の国の高千穂で、日向の国に宮居を定めたという。その天孫の血統を受ける天皇家の正統性を示すための神話、と考えられている。

明治になってできた
宗教である近代天皇制は
『古事記』と『日本書紀』
の神話をもとに
天皇を現人神としたが
大元をたどれば
それはおかしな話なのだ
大元を
たどれば
おかしい？
日本書紀
古事記
法制史家の
石《いし》井《い》良助《りょうすけ》は
著書『天皇』の中で
天皇の神格化は
大化改新のときに
中国の天子のような
威厳を与えるために
行われたのが
最初であって
それ以前には
天皇を神格化するのは
一般的ではなかった
と言っている
（旧版／一九五〇年
弘文堂刊　49頁）
ええっ！

石井良助●一九〇七〜九二。東京都生まれ。東大法科を卒業後、一九四三年東大教授。日本の各時代の、法律分野の分析を積み重ねながら体系化するという、法制史研究の第一人者。『日本法制史概説』（四八年）などの他に、『日本国家史』（五三年）、『日本史概説』（七二年）など、一般史の概説書にも定評がある。

大化改新以前
天皇は神格化
されていなかった
んですか!?
大化改新以前の天皇は
中国の皇帝のような全土の統一支配者
ではなかった
各地の土地と人民はそれぞれ
豪族が支配していて　天皇はそれらの
諸豪族を統合する「統《す》べるみこと」
すなわち「すめらみこと」だった
天皇という称号も使われていなかった
大化改新も
蘇我蝦夷《そがのえみし》
入鹿《いるか》親子という
大豪族を
中大兄皇子《なかのおおえのおうじ》が
倒すことで
成就したわけでしょう
大化改新以前は
蘇我氏のような
豪族が
いくつもあって
天皇は
そういう豪族を
統合する存在で
天皇直轄地以外の
一般民衆にとっては
自分たちの直接の
支配者では
なかったのよ
そうか
それまで天皇は
豪族たちのボスで
土地と民衆を
直接支配する
日本全土の
統一的支配者じゃ
なかったんだ

天皇という称号●

かつては推古朝（五九二～六二八）より天皇の称号が成立したとされていたが、近年では天武朝（六七三～六八六）以降とする説が有力である。それ以前は「大王《おおきみ》」の称が用いられた。これは、「筑紫《つくしの》君《きみ》」など地方豪族の長（氏上《うじのかみ》）を王《きみ》と呼んだことから、その統合者たる天皇を大王と呼んだのである。「すめらみこと」の称号は、六世紀末ないし七世紀初め、対外的文書や詔勅などに限って見られるという。

古事記●奈良時代初頭に成立した史書（というよりは神話に近い）。序文によれば、天武天皇が稗田阿礼《ひえだのあれ》に資料となる「帝紀《ていき》」「旧辞《きゅうじ》」を誦《よ》み習わせたが、完成せず、三十数年後に元明《げんめい》天皇の命により太安麻呂《おおのやすまろ》がこれらを筆録し、七一二年に献上したという。三巻から成り、上巻が伊邪那岐《いざなぎ》・伊邪那美《いざなみ》による国生み神話や天照大神《あまてらすおおみかみ》の誕生、その弟の須佐之男命《すさのおのみこと》の出雲での大蛇退治などの神話を収め、中・下巻で神武から推古に至る各代の天皇の系譜や物語（日本《やまと》武尊《たけるのみこと》の話など）を収めている。

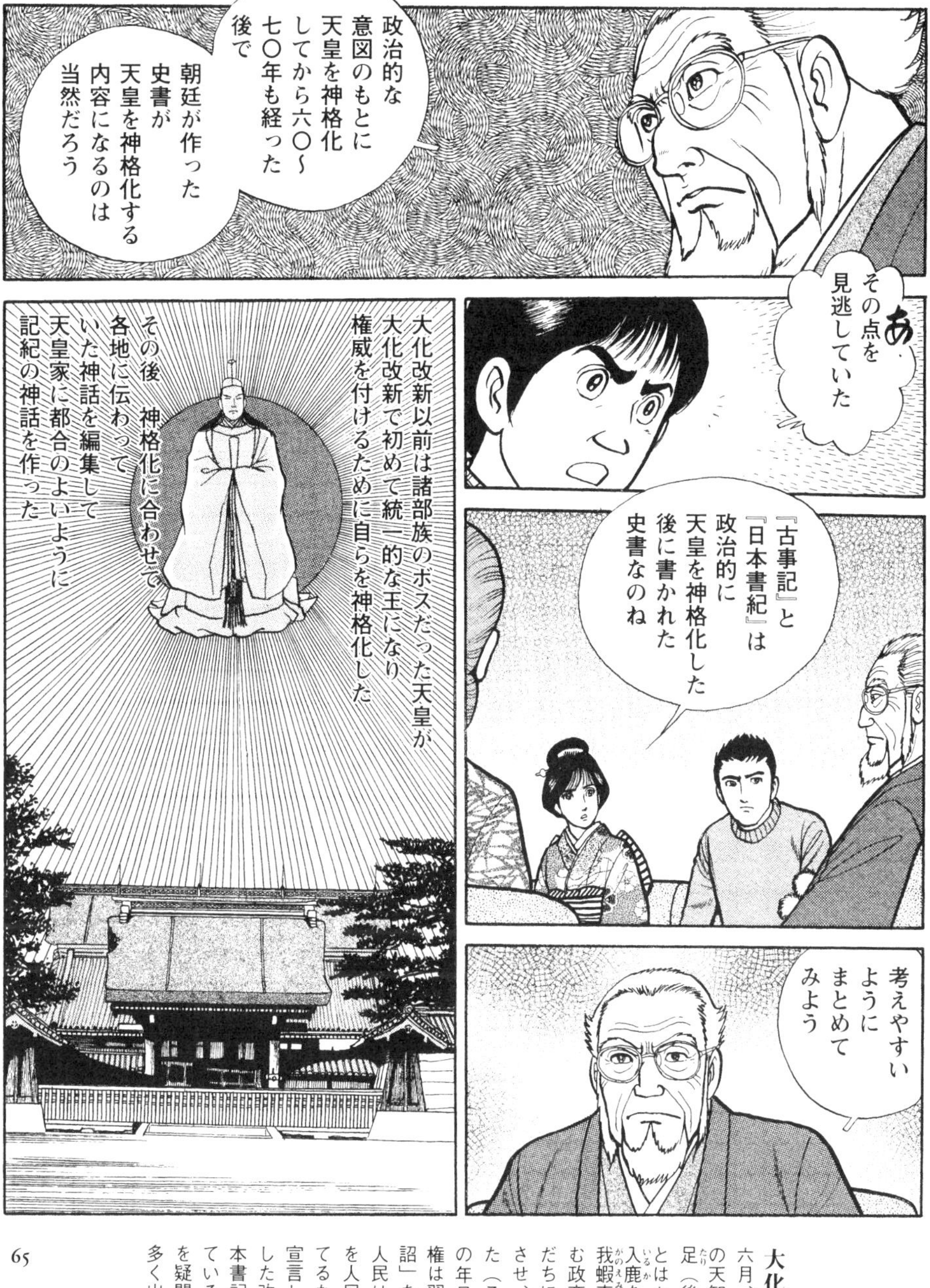
政治的な
意図のもとに
天皇を神格化
してから六〇～
七〇年も経った
後で
朝廷が作った
史書が
天皇を神格化する
内容になるのは
当然だろう
あ、
その点を
見逃していた
『古事記』と
『日本書紀』は
政治的に
天皇を神格化した
後に書かれた
史書なのね
考えやすい
ように
まとめて
みよう
大化改新以前は諸部族のボスだった天皇が
大化改新で初めて統一的な王になり
権威を付けるために自らを神格化した
その後　神格化に合わせて
各地に伝わって
いた神話を編集して
天皇家に都合のよいように
記紀の神話を作った

大化改新●六四五年六月、中大兄皇子（後の天智天皇）は中臣鎌足《なかとみのかまたり》（後の藤原鎌足）らとはかり、宮中で蘇我《そかの》入鹿《いるか》を暗殺し、父の蘇《そ》我蝦夷《かのえみし》を自殺に追いこむ政変を起こした。ただちに孝徳天皇を即位させ、年号を大化とした（これが日本で最初の年号である）。新政権は翌年には「改新の詔」を公布し、土地・人民は公有とし、耕地を人民に公平に割り当てるなどの国政改革を宣言した。しかしこうした改革の中身は『日本書紀』の記述によっているため、その実体を疑問視する意見も数多く出されている。

それじゃ順序が逆だわ
神話が先にあってそれを根拠に天皇を神格化したんじゃなくて神格化のために神話を作ったのね
それはこういうことでしょう
イザナギ・イザナミノミコトニニギノミコト天照大神などの神話は昔から伝えられていたけれどその神々が中大兄皇子一族の祖先とは思われていなかった
なるほど作ったというより神話の中に自分たち一族をはめ込んだんだ
でもそれでできあがったものは純粋な伝承神話とは言えないね
政治的な作文に近いじゃないか
ところが大化改新で権力を握った中大兄皇子が自らの権威付けのためにその神々を自分の一族に結びつけたのよ
天皇が神の子孫で現人神だなどということは科学的にありえないことだが
神話としてなら神の子伝説も面白い
しかしその神話そのものが政治的に意図的に作られたものとあっては天皇を神の子とする説には神話的な権威も認められない

明治政府が天皇を現人神とした大元をたどると行きつくところは自らに権威を与えたいという中大兄皇子の政治的意図でしかなくなってしまうのね
それじゃ近代天皇制の中核である天皇現人神説は神話的根拠もないことになるよ
その神話的根拠もない天皇現人神説を日本人は一九四五年に昭和天皇によって「天皇人間宣言」が出されるまでの八〇年近い間信じることを強制されてきた
それが日本人の心に癒しがたい後遺症を残した
日本人の心に後遺症を！
新年参賀で天皇一家に対して群衆が見せた熱狂はその後遺症の一つよ

天皇人間宣言●一九四六年一月一日に出された詔書（正式には「新日本建設に関する詔書」）の通称で、中に天皇の神格を否定した部分があるのでこの名がある。五カ条の誓文の精神による民主化を掲げるとともに、「天皇ヲ以テ現御神《アキツミカミ》トシ、且《カツ》日本国民ヲ以テ他ノ民族ニ優越セル民族」だとする考えを否定した。GHQの指示で幣原《しではら》喜重郎首相が英文で起草したもので、日本民主化政策の一環として発せられた。

帝国憲法下の日本では日本は神国
天皇は神国日本をしろしめす現人神
われわれ日本人は天皇の赤子《せきし》天皇のために喜んで死ね
というようなことを全国民に子どものころからたたきこんだ
学校には御真影と呼ばれる天皇の写真が祀《まつ》られていて天皇誕生日のような特別の日には校長以下全校の教師生徒がその写真を恭《うやうや》しく拝むのよ
たまらないな
本気でそんなことを子どもに教え込むなんて
あら
そんなこと言ったら不敬罪で刑務所に入れられるわ
不敬罪！

御真影●天皇の肖像写真は、一八七二年頃から聖なるものとみなされ、このように呼ばれるようになった。一八八二年頃から漸次、全国の小学校に下賜され、祝祭日には式場正面に掲げ最敬礼することなどが定められていた。昭和の初めになると、御真影や教育勅語を収納する奉安殿の建設が進められ、その前を通るときは、正面に向かって直立不動の姿勢をとり、最敬礼しなければならなかった。

天皇 皇后などに 不敬の行為を する者は 最高で 五年の懲役 という法律が 一九四七年まで 日本には あったんだよ
天皇制や 皇族について 自由な意見を 言うことは できなかった んだ
天皇制を 批判したら 警察に 捕まるのか
警察だけ じゃない 憲兵も いる
憲兵！
憲兵はもともと軍隊内の 警察だったのだが 思想弾圧など 一般国民をも監視する ようになったんだ
思想統制を目的とする 特別高等警察 通称特高というのもあって その取り調べは手荒で 拷問も普通だったのよ
ひえぇ
恐ろしい

不敬罪●この法律が一九四七年まで廃止されなかったことで、戦後になっても不敬罪が問われた事件がある。四六年五月一九日、「食料メーデー」のデモ行進中に出された一本のプラカードに「詔書（ヒロヒト曰《いわ》く）国体はゴジされたぞ 朕《ちん》はタラフク食ってるぞ ナンジ人民 飢えて死ね ギョメイギョジ」と書かれていた。一審では名誉毀損《きそん》罪、控訴審では不敬罪が成立したが、いずれも大赦令により免訴となっている。

警察・憲兵・特高という暴力装置で威圧しながら民主主義的な思想は一切排除して日本人は天皇神話を明治・大正そして昭和二〇年まで三世代八〇年間にわたってたたきこまれたのだ
明治天皇
大正天皇
昭和天皇
白紙状態の子どものころから他の教育を与えられずたたきこまれたら天皇神話を信じるしかないわ
どんな荒唐無稽なことでも教育と暴力の二本立てで洗脳されれば信じてしまうものなのよ
洗脳も三世代八〇年間重ねられたら完璧に行われてしまうよな
その間に日清・日露戦争の勝利で勃興したナショナリズムが日本人の理性を奪ってしまった政府による洗脳に加えてナショナリズムに煽《あお》られた日本人は天皇は現人神日本は万邦無比の神国という天皇神聖神話を納得してしまった
戦争に勝ったのも天皇が現人神である証拠と思ったんだね

憲兵●旧日本陸軍兵科の一種。一八八一年に大山巌《いわお》陸軍卿がフランスの軍事警察制度をモデルに導入。陸軍大臣の管轄下に置かれたが、海軍・内務省・司法省にも属した。本来の職務は軍隊内の犯罪捜査・思想統制・防諜《ぼうちょう》などであったが、戦時・事変の際は一般民衆に対する捜査・逮捕の権限も有した。明治期の自由民権運動、大正期の米騒動・普選運動などに出動し、大杉栄を殺害した甘粕《あまかす》事件も引き起こしている。太平洋戦争下には、民衆生活の隅々まで監視して「憲兵政治」と恐れられた。

自分たちは他の民族より優れていると考える民族的ナルシシズムはすべてのナショナリズムの根底にあるが
天皇制によるナショナリズムの特徴はその民族的ナルシシズムを強調することだ
上海神社
日本は万邦無比の神国
天皇は現人神
だから戦争に勝った
日本は特別の国だと得意になって陶酔してしまう
これが天皇制によって作られた民族的ナルシシズムだ
民族的ナルシシズム？
戦争に負けるまで日本人は
日本は神のつくった国
神の守る国
世界で一番尊い国
と思いこんでいたのよ
そんな根拠のないことで陶酔するなんてわびしいなあ
教育とは恐ろしいものだ
明治の初めには天皇の存在すら意識しなかった一般大衆が
昭和になると天皇制によって作られた民族的ナルシシズムに酔ってしまった
祝南京陥落

特高●特別高等警察の略称。戦前・戦中期、すべての反体制的な社会思想や運動の取り締まりを任務とした警察機構を指す。一九一〇年の大逆事件を契機に、一一年八月二一日警視庁に特別高等課が設置されたのが最初である。その組織は、内務省警保局の保安課・外事課等を頂点に警察署の特高係にいたるまで、強力な中央統制を敷き、国民の監視に当たった。特に共産主義者に対する取り調べは苛酷で、小林多喜二虐殺事件（東京築地署）などを引き起こした。

美濃部達吉の天皇機関説●主権は天皇にあるとしながらも、統治権の主体は国家であり、天皇はその統治権を行使する最高機関であるとする主張。その権限は憲法やその他の法律によって制限されるという立憲的な憲法解釈であり、天皇の名における軍部の暴走を抑えるものだった。しかし一九三五年二月一八日、貴族院で菊池武夫が非難演説を行ったのを機に、機関説排撃運動が起こり、不敬罪で告訴されるとともにその著書は発禁処分となった。三六年には右翼に狙撃され、軽傷を負った。

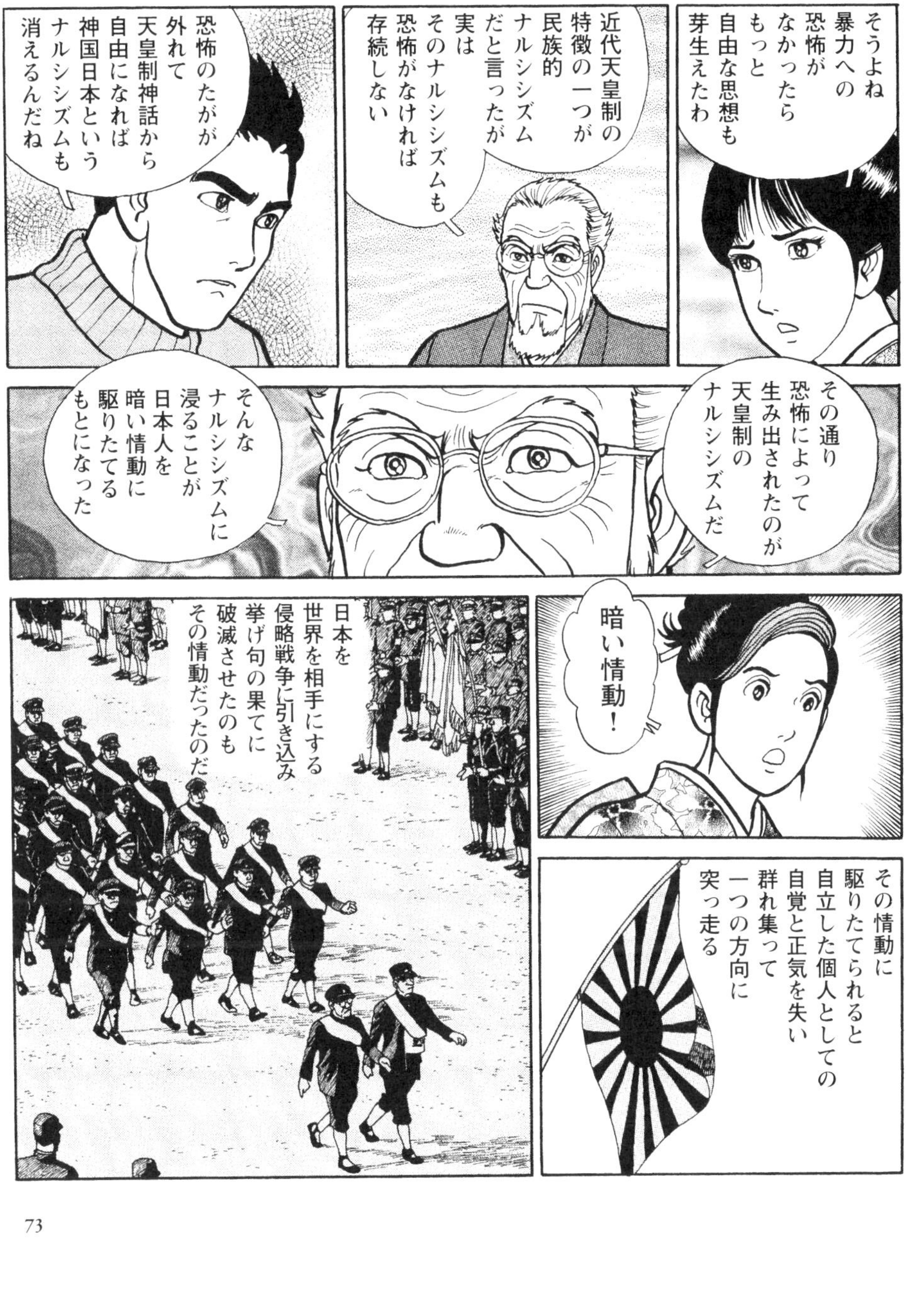
そうよね暴力への恐怖がなかったらもっと自由な思想も芽生えたわ
近代天皇制の特徴の一つが民族的ナルシシズムだと言ったが実はそのナルシシズムも恐怖がなければ存続しない
恐怖のたがが外れて天皇制神話から自由になれば神国日本というナルシシズムも消えるんだね
その通り恐怖によって生み出されたのが天皇制のナルシシズムだ
そんなナルシシズムに浸ることが日本人を暗い情動に駆りたてるもとになった
暗い情動！
その情動に駆りたてられると自立した個人としての自覚と正気を失い群れ集って一つの方向に突っ走る
日本を世界を相手にする侵略戦争に引き込み挙げ句の果てに破滅させたのもその情動だったのだ

繰り返すが近代天皇制の特質は恐怖と民族的ナルシシズムだ
天皇は恐怖の源であると同時に民族的ナルシシズムの源でもある恐怖とナルシシズム この分裂した二つの感情を天皇は日本人に同時に抱かせる
そのことが暗い情動を日本人の心に引き起こすこれを天皇制の情動と呼ぶことにしよう
天皇制の情動！
天皇制の情動は恐怖とナルシシズムをもととするために被虐《ひぎゃく》と加虐《かぎゃく》の両面を持っているんだ
被虐と加虐の両面ですって
天皇制の情動が内に向かうとこんな歌を歌うようになる
大伴家持《おおとものやかもち》の長歌の一部分に信時潔《のぶときぎよし》が曲をつけたものだ

海行《ゆ》かば
水漬《みづ》く屍《かばね》
山行かば
草むす屍《かばね》
大君《おおきみ》の
辺《へ》にこそ死なめ
顧《かえり》みはせじ
うわ
陰気な歌
水漬く屍だなんて気持ちが悪い
そう感じるのが健康な精神よね
この歌は天皇のために死んだ兵士の屍体が海にも山にも累々《るいるい》と転がっている
自分も天皇のために死のうが後悔はしないという意味なのよ
天皇に忠誠を尽くすってのはこういうことなのか
暗いわ
やり切れない暗さだわ
こんな歌救いがないわ
近代天皇制はこの歌の通りにすべての国民に天皇のために死ねと言う

海行かば●『万葉集』に出ている大伴家持の長歌の一節に信時潔が曲をつけたもの。一九三七年NHKの依頼により、総理大臣その他の要職にある人が放送で講演をする際のテーマ音楽として作曲されたものという。四三年には文部省と大政翼賛会がこの歌を儀式に用いることを決め、「君が代」に次ぐ準国歌の役割を果たした。戦争末期には玉砕や戦死者のニュースのテーマ曲に使われたため、弔歌の色合いが強まった。

自分の国民に死ねと言う君主はいったい何なのか
そう言われて喜ぶ国民にもまともな人間としての精神はないあるのは被虐趣味だ
ほんと被虐趣味だわ
この被虐が天皇制の情動の片面で
もう一方の面が加虐なのだ
天皇制の情動が外に向かうと加虐的な「八紘一宇《はっこういちう》」となった
八紘一宇!
初代天皇神武天皇は橿原宮《かしはらのみや》に都を開き「八紘《あめのした》をおおって宇《いえ》とする」と言ったと『日本書紀』にある
世界中を天皇の支配の下に置くということだが一九四〇年閣議決定による「基本国策要綱」で「皇国の国是《こくぜ》は八紘一宇」と決められた

八紘一宇●「八紘」は八方の隅、転じて世界、「宇」は屋根、家を意味し、世界を一つの家とすること。日本の海外侵略を正当化するために用いられたスローガンで、『日本書紀』巻三の神武天皇の神勅にみえる「六合《くにのうち》を兼ねてもって都を開き、八紘《あめのした》をおおいて宇《いえ》と為《せ》んこと、またよからずや」に基づいている。

世界中を天皇の支配下に置くことが国是だなんて
それじゃ外国を侵略するのが国是と言ってるんじゃないか！
そんな無茶な国是ってあるの！
「八紘一宇」で侵略したら今度は「皇民化」と言ってその国の人間を天皇に従わせる
侵略された方はいい災難だ
まったくだ「八紘一宇」だなんて自己満足的ではた迷惑な世界観だ
だが日本人は天皇に身をゆだね熱狂して「八紘一宇」に突っ走っていったんだ
生身の人間を神として崇拝するようなきわめて非理性的な日本人を動かすのはもはや理性や道理ではなく被虐・加虐の情動でしかなかったのよ
内では天皇制の恐怖体制におびえた日本人が外では民族的ナルシシズムに酔ってアジアの国々を侵略したんだ
たまらないな
本当に被虐と加虐は裏表だわ

皇民化●朝鮮や台湾など日本の植民地でとられた同化政策のことをいう。日本語の強制、日の丸への敬礼、「君が代」斉唱、宮城遙拝《きゅうじょうようはい》などの儀式が強制された。特に朝鮮で行われた「創氏改名」では、自分の名さえ日本式に改めねばならなかった。任意とされたものの、改名しない者は食料の配給を行わないなどの圧力をかけたため、全戸数の八〇％が届け出た。

まとめてみよう
日本人は天皇を神聖化して現人神と崇拝した
天皇神聖化が天皇制の情動を日本人の心に組み込んだ
天皇神聖化にそって神武天皇の建国の精神「八紘一宇」を国是とした
国是を実現するためにアジア各国に侵略した
天皇を神聖化したことが近代日本の過ちの根源だったことがわかるわね
天皇制の情動はまだ色濃く日本人の精神構造の中に残っている
昭和天皇の死の前後に自粛しないと社会の反逆者と思われる天皇主義者に攻撃されるという恐怖におびえて祝いごとなどを自粛した者が大勢いた
これは天皇制の情動の被虐の面が現れたんだ
僕の姉は音楽会を自粛したんだよ
うちの親戚の料理屋は自粛しないと店を壊すと脅迫されたのよ

「慰安婦は商行為」発言の国会議員●一九九六年五月二八日、自民党の板垣正参院議員が「従軍慰安婦は歴史の真実ではない」と発言。これに対し、来日中の元慰安婦の女性が面会し「私が生き証人だ」と抗議したところ、「カネ（報酬）はもらっていないのか」と何度も尋ね、「一切ない」という返答にも「強制的に連れていったという客観的証拠はあるのか」と述べている。同趣旨の発言は、奥野誠亮元法相が同年の六月四日に行っているほか、九七年一月には梶山静六官房長官が「当時、公娼制度があった」と述べ、二月には島村宜伸広報本部長が、「本人の意思で、望んでそういう道を選んだ人たちがいる」と発言している。

天皇制の毒がまわりきった社会では何が起こったか

「死して君恩に報いる」のが臣民の務め――まさに〝天皇教〟と呼ぶしかない、国家的な洗脳が行われた。

日本人を包みこんだナショナリズム

明治維新以前は天皇とは無縁だった一般国民までが、第二次大戦に負けるまで、天皇を現人神として熱狂的に崇拝するようになっていた。

その理由としては、天皇を崇めない者には不敬罪などを科して厳しく罰したこと、教育勅語を基とする天皇崇拝教育を子供の頃から叩きこんだことが根底にあるが、もう一つ、天皇制がナショナリズムを日本人の心に植えつけ、煽り立てたことが大きかったと言えるだろう。

日本は、明治維新まで鎖国を続けており、一般国民が外国と関わりを持つことはあり得なかったから、一般国民にとって外国の存在を意識することはほとんどなかった。そのような状況ではナショナリズムは発生しようがない。

それまで日本人にとっての「国」とは、たとえば「三河の国」「若狭の国」などのように、大化改新以後律令体制が成立するとともに分けられた行政的な区画の一つ一つを呼ぶものでしかなかった。もちろん、それらの「国」ごとに、競争意識、対立意識は存在したし、武士が権力を握るようになってからは、それぞれの国を奪い合う武士集団（領主、大名）による激しい戦いが繰り返されたが、それは世界史的に見れば一地域内における内乱に過ぎず、ナショナリズムに駆られての戦いとは性質が違っていた。

だが、明治政府が一八七五年に江華島事件を引き起こして、朝鮮を相手に日本側に有利な日朝修好条規を無理やり結ばせたのを手始めに朝鮮に進出したた頃から、日本にナショナリズムの芽が現れはじめた。
この世に、良いナショナリズムというものは存在しない。ナショナリストは自分の属する人種・民族が他の民族より優れているとして、他の人種・民族を支配し隷属させ、あるいは憎悪し、ナチスがユダヤ人に対して行ったように他の民族を抹殺しようとさえするが、そもそも、生物学的に人種の違いなどには意味がない。それが証拠に血液型さえ合えばどんな人間同士でも輸血をしあうことができる。臓器も提供しあえる。

またナショナリストは、民族とは文化的な定義であると言い、自分たちの民族の文化が世界で一番優れていると主張する。だが、言語、宗教、生活風俗、そのどれ一つをとっても、それはその人々の生活する地域の環境に即して出来上がるものであって、互いの間に違いこそあれ、優劣のある謂《い》われはない。ナショナリズムには、科学的な根拠がないのである。「ナショナリズムは悪党の最後のよりどころである」という有名な言葉があるが、科学的な根拠のないナショナリズムという妄想にしがみつく人間がどんなに醜悪で、そのもたらす結果がどんなに無惨なものであるかは、つい最近も、セルビア至上主義を鼓吹して暴虐の限りを尽くした挙げ句、自国を滅亡寸前に追いやって退陣させられた、旧ユーゴスラビアのミロシェビッチ大統領が全世界に示したばかりである。

日本が江華島事件を起こして、当時の朝鮮に出兵したもともとの目的は、明治維新によってそれまでの地位も収入も失った武士たち、さらには新政府の不公平な政策で苦しんでいた庶民たちの不満を逸《そ》らすことだったが、朝鮮の資源を獲得しておくことは三菱をはじめ勃興しはじめた資本家たちにも好都合だったため、政府はさらに朝鮮に勢力を拡大していった。それに対して、朝鮮は元来清国を宗主国としていたから、朝鮮王朝は日本に対抗するのに清国に頼った。結果的に、朝鮮支配を目的とする日本は清国に戦いを仕掛け、日清戦争が始まった。

日清戦争の原因は日本が朝鮮侵略を始めたことにあり、どこからどう見ても日本に義はないのだが、当時の日本人たちの反応は違った。隅谷三喜男著『日本の歴史第22巻／大日本帝国の試煉』（中公文庫）によれば、「国民はこれを、弱い朝鮮をいじめて横暴をきわめる清国をこらし、朝鮮の独立を助ける義戦だと心底から信じていた」。

しかし、当の戦争指導者である陸奥宗光は「弱きを助け強きを抑えるという義侠論を『社会凡俗の輿論』だとして、はっきりこう書いている。『自分はもとより毫《ごう》も義侠を精神として十字軍をおこす必要など認めなかったから、朝鮮内政の改革なるものは第一にわが国の利益を主眼とする程度に止め、わが利益を犠牲とする必要なしと考えた』」（同書）

実に冷徹無比、帝国主義官僚の見本である。

であるのに、「のちに日露戦争に反対し、反戦論をとなえたクリスチャン内村鑑三も、日清戦争がはじまると、この戦争にたいする外国人の無理解をいきどおり、わざわざ英文で『日清戦争の義』と題する一文を発表し、この戦争がかれらの考えるような『欲の戦争』ではなく、正義の戦争であることを主張した」（同書）。内村鑑三のような人間でもこうだったのだから、一般国民は日清戦争の勝利に狂喜し、さらにその後日露戦争にも勝利するに及んで、二度の大戦を勝利に導いたのは天皇の聖徳のおかげであり、現人神天皇を戴く日本は神国であると舞い上がり、ナショナリズムが日本人を包みこんだ。それ以後、第二次大戦に負けるまで日本人のナショナリズムの高揚はとどまるところを知らず、第二次大戦は、天皇が世界すべてを支配すると言った神武天皇の言葉「八紘為宇」を実現するための「聖戦」であるとされたのである。

日本のナショナリズムは、近代天皇制とともに形成され成長していった。その中核は天皇の存在であり、根本思想は、「現人神である万世一系の天皇を戴く神国日本は、神の生んだ国であるから、万邦無比、世界で最も尊い国である」というところにある。

そこからさらに進んで、「現人神であらせられる天皇が我々国民を大御宝《おおみたから》と呼んでくださっているのはありがたくおそれ多いことである」、したがって「天皇を助ける『皇運扶翼』が臣民の務めであり、その『臣道実践』は『死して君恩に報いる』ことである」というところにまで到達した。

そこまで行くと、近代天皇制は単なる政治体制ではなく、「天皇教」というきわめて特殊な宗教である、としか考えられない。現実に、近代天皇制は国家神道を基礎に据え、明治維新の時の「廃仏毀釈《はいぶつきしゃく》」で仏教を攻撃したのを始めとして他の宗教を弾圧した。大本教、天理教という新興宗教にとどまらず、キリスト教も弾圧した。ホーリネス教会、灯台社に対する弾圧はよく知られている。ホーリネス関係では神社に参拝するのを拒否した北海道の若い伝道師見習いが告訴され、公判中に未決監で自殺する事件も起こった（同志社大学人文科学研究所編『戦時下抵抗の研究』みすず書房）。

また、内村鑑三の教えを受けた無教会派のクリスチャン、浅見仙作を「キリストが再臨して世界を支配するという教義を説いたのは、天皇の統治も廃止されることを意味し、国体を否定することになる」という理由で――大審院（現在の最高裁に当たる）にまでいって無罪になりはしたが――裁判にかけているのである（『現代史資料(45)　治安維持法』みすず書房）。

こんなことは、若い人には全くのおとぎ話のように聞こえるだろうが、試しに図書館に行って敗戦以前の新聞の復刻版（マイクロフィルムなどに収めてある）を読んでみてもらいたい。いま書いたような言葉が紙面を埋めつくしている。あるいは、敗戦以前に出版された『国体の本義』とか『臣民の道』などという本を探して読んでもらいたい。各都道府県の代表的な図書館に行けば見つかるはずだ。

戦後生まれの学者からこんな言葉が

すべてのナショナリズムには科学的根拠がなく非理性的であるが、日本のナショナリズムの場合、その基礎を「生身の人間を神と崇める天皇教」に置いている点で、すべてのナショナリズムの中でも非理性的な度合いの極みに位置するものと言えるだろう。

そして重要なことは、代替わりしたとはいえ、今も天皇が我々の上に存在することだ。毎年正月に宮中参賀に出かけて天皇の姿に涙を流す人、天皇主催の園遊会に招かれることをこの上ない光栄であると言う人、天皇が姿を現すと恐懼《きょうく》感激して震える人、今もそのような人が少なくない。その人たちの態度は、天皇が「象徴天皇」になったとはいえ、明治憲法下の「現人神である天皇」に対して当時の国民が示した態度と本質的に変わりがない。

明治政府が天皇を崇拝するように国民に対してとったさまざまな施策は、暴力による強制を伴った国家的な洗脳だった。その洗脳の成果が「死して君恩に報いる」などという言葉を得意になって声高に言い合う人々が支配する社会を作り上げたのである。

厄介なことに、敗戦までに洗脳されてしまった人たちは、敗戦後天皇が人間宣言をした後までも洗脳から醒《さ》めることがなく、次の世代の人間にまで自分たちの身にしみこんだ「天皇教」を教え続けたために、戦後に生まれて戦後の教育を受けた人間の中にも近代天皇制の呪縛《じゅばく》にとらえられている人が少なくない。たとえば、一九四六年生まれの埼玉大学教授・長谷川三千子は、皇国史観を擁護して「日本本来の国体思想の中心というのは何なのかというと、ただ一つ、民を大御宝《おおみたから》として尊ぶという、これが日本の歴史を通じての皇室を中心として連綿と受け継がれてきた政治道徳の一番の柱なんです」と日本の歴史の真実に反したことを言い、皇国史観は自民族のみならず世界が一つの家族として尊重し合うべきだという政治思想である、と皇国史観を改竄《かいざん》し、「そういう平和思想を持っていても、そうでない思想というものが、自分たちのその思想を含んだ全民族をつぶそうとしているときには、剣を取っても敵を殺さなくてはならない。それが大東亜戦争だったという気がいたします」と言っている（『正論』一九九八年一二月号）。

　戦後生まれの人間から、このような戦前の御用学者が唱えていた決まり文句と同じ言葉を聞かされると、天皇制の毒の強さを改めて思い知らされる。長谷川の言葉は、せんじつめれば、皇国史観をつぶそうとする者は殺さなくてはならない、ということに他ならない。このままいけば、その日が来るのは遠い先のことではないだろう。

　近代天皇制が結果として導くところは「大君《おおきみ》の辺《へ》にこそ死なめ、顧みはせじ」であり、「死して君恩に報いる」である。陰々滅々としてまことに暗い。理知的で、明晰《めいせき》で、明朗なところが一つもない。挙げ句は、長谷川のように、皇国史観に反対する者は殺さなくてはならないと言う。何という、暗い情動であることか。

「生身の人間を神と崇める」近代天皇制は、ナショナリズムと相まって非理性的であるからこそ、人間の心の一番低いところに食いこみ、剔抉《てっけつ》するのが難しい。今、歴史の書き換えを企んでいる人たちは、天皇制を再び復活させようとしている。天皇制の毒は再び日本の社会にまわりはじめているのである。

　天皇制の毒は厳しい。この毒を何とか取り除かなくては、私たちは過去の過ちを繰り返すしかないだろう。

第3章 天皇の軍隊

代々木練兵場で「観兵式」を行う昭和天皇（1935年）。

東塔大学サッカー部合宿所
キィィッ
澄川君
坂本君
どうしたんだ
遅いじゃないか
管理人・種山余一
あ・管理人さん
ども
ちょっとゼミの準備に手間がかかっちゃって
体育館に行きたまえ
急いで！

え。
どうしたんです?
何かあったんですか
四年生とOBが来てるんだ
四年生とOBが?
四年生はもう卒業間近でこのあいだ追い出しコンパをしたのに
彼ら下級生に制裁を加えている
制裁!
どうして!
合宿所付属体育館
もっとびしっとやらんか!

北上一造
ピシッ
気合いが入っとらん！
こらちゃんとやれ！
パシッ
ビシッ
パーン
パチーン
ビシッ
手を抜くんじゃない
ビシッ
バシッ

殴っているのは三年生だ
おれたちの仲間じゃないか！
後ろにいるのは四年生と先輩たちだ
お前たち何をしてるんだ！
やめろっ！
澄川
さっきお前がいてくれたら
どうしてこんなことを
澄川いい調子こくなよ
お前を主将にしたのは間違いだったな

わがサッカー部では主将は秋に四年生から三年生に受け渡され
それ以後は三年生が部の運営をするしきたりになっています
卒業間近になった今四年生がどうしてこんなことをするんです
今日われわれが先輩方をここにご案内したところ
下級生たちの態度があまりにひどくて目にあまった
下級生たちの態度がひどい？
そうだ
先輩方に対しての礼儀がなっていない
だから制裁を加えたのだ
そんな…
澄川
お前が主将になってから
ガタッ
わが東塔大学サッカー部は上下の関係が滅茶苦茶になった
後輩が上級生や先輩に対して敬意を表さない
とんでもない礼儀は守っています

ほら
それだ
なぜ先輩に
口答えをする!?
口答え
ですって！
先輩や
上級生の
言うことには
絶対服従
これが
上下関係と
いうものだ
日本の社会で
いちばん
大事なのは
この上下関係の
厳しさだ
ええっ!
上下関係の
厳しさが！
日本が
経済大国に
なったのも
上の者に下の者が
絶対服従する
この上下関係の
厳しさが
あったからだ
上下関係の
厳しさか……
天皇の軍隊の
遺産！
天皇の軍隊の
遺産が
ここにもある

天皇の軍隊の遺産？
私は帝国陸軍の兵士だった
私もこんな制裁を日常的に受けていたよ
それも制裁のための制裁だ
制裁のための制裁というと？
何か悪いことをしたから制裁するならまだわかる
帝国陸軍では理由もなく制裁することが重要だったんだ
理由もなく　あるいはまったく理不尽な言いがかりで制裁されても抵抗せず甘んじてその制裁を受けることで上の者に対する絶対服従の態度が養われるんだ

軍隊の上下関係●

軍隊は、幹部である将校、下級幹部である下士官、軍の大部を構成する兵士から成る。さらに、すべての軍人には階級があり、将校ならば尉官（少尉から大尉まで）、佐官（少佐から大佐まで）、将官（少将から大将まで）の三段階がある。こうした階級が重視され、下級者が上級者の命令に服従するように強いられるのは、軍隊という組織の普遍的特徴である。

日本人は人間関係を上下関係でしか作れないんだ
天皇の軍隊の遺産だよ
人間関係を上下関係でしか作れない
それが天皇の軍隊の遺産
おい
管理人が何を余計なことを言ってるんだ
老いぼれは引っ込んでろよ
何を言うんです！
先輩方も昔は管理人さんにお世話になったんでしょう
上下関係が大事だといいながら
世話になった方に無礼なことを言うのはおかしいじゃないですか
う　う
む　ぐ
おい澄川いい加減にしろよ
北上大先輩がお見えなんだぞ

うっうう
北上大先輩
今年は北上さんが当時廃部状態にあった東塔大学サッカー部を主将として再興してから丸三〇周年の記念すべき年だ
そこで秋に記念の会を催すことになって今日はその打ち合わせで集まったのだが
その席上最近の東塔大学サッカー部がたるんでいるという話が出てそれでは実地に見てみようということで北上さんもお連れしたんだ
どうして今日ここに
われわれがたるんでいる？
でも
われわれは大学選手権で優勝しましたよ
いばるんじゃない！
そういう思い上がった態度が問題なんだ
われわれが思い上がっているって

お前たち大学選手権で優勝したのを鼻にかけて
四年生やわれわれ先輩に対して敬意を表さなくなった
とんでもない!
ちゃんと敬意を表しているじゃありませんか
口答えするなと言っただろうっ!
そんな……
スッ
澄川君
君は大学選手権の開会式で君が代を歌わずわれわれに恥をかかせた
さらに上下の関係を乱してわれわれと現役サッカー部員の関係を破壊しようとしている
秩序紊乱《びんらん》は重罪だよ
秩序紊乱!
今度のサッカー部の総会までに秩序をきちんと再構築しておかなければ
われわれ卒業生は断固たる措置を取る

断固たる措置って何ですか
少なくとも澄川君と澄川君に同調する者は
東塔大学サッカー部から永久追放
場合によってはサッカー部の廃部もありうる
そんな
無茶な…
卒業生はその権限を持っていることを忘れるな
……
どうして上下関係にこだわるんだ
鍵は天皇の軍隊の遺産だ
天皇の軍隊がわれわれ日本人に何を残したかしっかり見極めてみるんだ

喫茶
いこい
いろいろな人の軍隊体験記を読んで
ほんとにうんざりしたよ
日本軍は陸軍でも海軍でも
私的制裁が日常的に行われていたのね
それも常軌を逸しているとしか思えないようなひどい乱暴をするのよ
ゲンコツで殴るのはあたり前でベルトや皮のスリッパやバットまで使うのよ
そのせいでいまだに耳が聞こえないとか肉体的後遺症の残っている人も多いんだよな

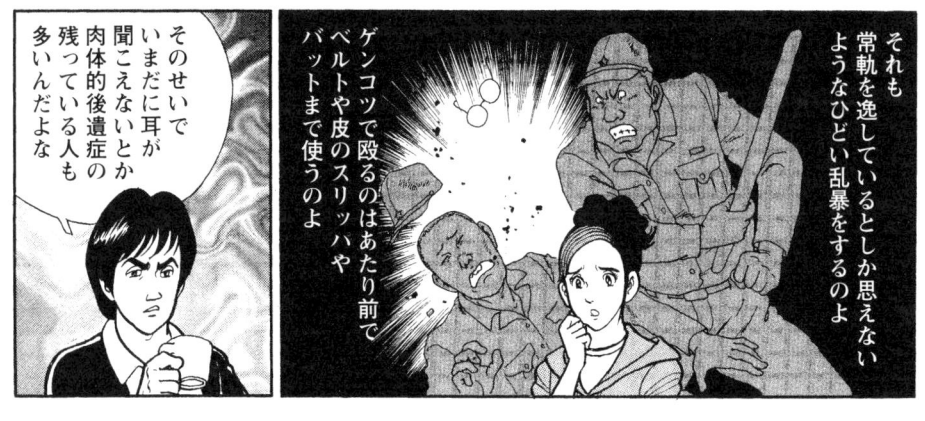

制裁が辛くて自殺したり軍隊を脱走して捕まって
もっとひどい目に遭ったり悲惨な話もたくさんあるわ
管理人の種山さんが言っていたように何か悪いことをしたから制裁するんじゃないんだな
下の者は絶対に上の者に服従することを教え込むための制裁なんだ
とにかく一日でも先に軍隊に入った者が上で
あとから入ってきたものを痛めつけるんだ
上官に自分の意見を言っても制裁されるんだよ
上の者には奴隷としての服従を要求されるんだ
外国の軍隊はどうなの
管理人の種山さんも言っていたけれど指揮系統の統一のためには上下の関係はたしかに厳しいみたいだ
でも日本軍のように私的制裁を加えてまで上下関係を締めつけるのは例がないね

下の者が上の者に絶対的に奴隷的な服従をするなんて日本軍だけだよ
どうして日本軍はそんなに上下の関係を厳しくしたの
う〜む・・・
日本軍は天皇の軍隊だっただろう
そこに理由があるんじゃないかと思う
天皇が関係あるのね
天皇がか
やはりここにいたか
おう
どや
どや
どや
澄川大変だ
合宿所に来てくれ
なんだどうしたんだ
一部の三年生が中心となって主将のお前を解任すると言うんだ

東塔大学サッカー部合宿所
澄川君を解任するですって
なんだって!
集会所
澄川
お前に主将を辞めてもらう
お前のやり方についていけないんだ
おれのやり方のどこが悪いんだ
やはり上下の関係は大事だよ
お前のやり方じゃサッカー部全体の規律がとれない
規律だって?

上下関係が崩れたらチームの規律は乱れるんだ
サッカーはいわば格闘技だよ
闘いに勝つためにはチームの規律がきちんとしていなけりゃ駄目だ
そうかなサッカーでいちばん大事なのはチームワークだ
上下関係を厳しくすればチームワークが良くなるのか
よその大学のチームでよく見るぜ
上級生がいばりくさっているもんだから下級生が萎縮しちゃってチームワークは最低ってのをさ
おれたちが全国大会で優勝したのも上下の関係を取っ払って
全員一丸となるチームワーク作りをしたからだろう
四年生たちがいばっていたときには今みたいなまとまりの良さはなかったわ
だけど澄川のやり方でいくと
おれたち先輩方から相手にされなくなる
先輩方のご機嫌を損ねたら就職にも差し支えるぜ

就職に差し支える?
北上大先輩に逆らうなんてどうかしてるよ
北上大先輩は政財界にもつながりの深い実力者で
東塔大学サッカー部の天皇と言われてる方じゃないか
東塔大学サッカー部の天皇!
おれたちはお前のおかげで先輩方ににらまれるのはまっぴらだよ
お前たち先輩が怖いのか
そうさ
将来のことを考えたら先輩方には逆らわない方が身のためだ
恐怖によって上下関係を強制される
それじゃ天皇の軍隊じゃないか

お前たち北上先輩のことをやたらと崇め奉っているけれど
北上先輩のいったいどこが偉いんだ
馬鹿言うんじゃない
三〇年前ほとんど廃部状態にあった東塔大学サッカー部を主将として再建したのが北上大先輩じゃないか
北上先輩がいなかったら東塔大学サッカー部はとっくの昔につぶれていたんだ
それは嘘だ
三〇年前に東塔大学サッカー部をよみがえらせたのは北上さんと同学年で当時主将だった森下さんじゃないか
森下さんがチームを引っ張ったから東塔大学のサッカー部はよみがえったんだ

その森下さんは四年生の秋に交通事故で急死した
そして森下さんに代わって主将になった北上先輩は森下さんの功績を全部自分のものにした
そしていつの間にか森下さんじゃなくて北上先輩が東塔大学サッカー部をよみがえらせたという神話ができてしまったんだ
ええっ！本当ですか！
東塔大学サッカー部を再興したのは北上先輩じゃなかったんですか！
森下さんはリーグの得点王になるほどの実力を持っていたが北上先輩は何の実績もない
何の実績もない北上先輩が森下さんの死んだあと主将になったのはチームの中に取り巻き連中を作ったからだ
北上先輩は政財界につながりのある旧家の出だ

そういうものにひかれて北上先輩の周りに集まった連中が北上先輩を主将にかつぎ上げ東塔大学サッカー部再興の主という神話を作り上げた
知らなかった
それじゃ北上先輩を崇めるのはおかしいじゃないか
お前たちそのことは知っているはずだろう
ば馬鹿なことを言うな
そんなこと今さら言ったって
北上先輩の力はくつがえせないよ
おれはサッカー部に入ってサッカーは楽しかったが上下関係の締めつけが死ぬほどいやだった
どうして人間関係を上下関係で締めつけるのか
それも上の者が下の者に一方的にいばる関係だ
お前たちが二年生にしたようにな
うう う

でもね
管理人の
種山さんの
話を聞いて
思い当たった
天皇の軍隊が
これだったんだ
って
なに
天皇の
軍隊？
明治憲法の下で
日本の軍隊は
天皇の軍隊だった
天皇のために命を捨てることを
徹底的に教育されたんだ
でも　人間が自分の命を捧げる
というのはよくよくのことだよ
第二次大戦中のフランスの
レジスタンスの闘士たちは
祖国フランスを守るために
命を捧げたんだけど
その祖国というのは
抽象的なものじゃなく
家族やフランスの伝統文化
といった自分にとってそれが
なかったら生きている意味が
ないというものだったわ
ところが
明治時代の
日本軍の
創設期には
まだ
天皇崇拝教育が
十分に
行きわたって
いなかったから
軍紀が
乱れていた
そりゃ
そうだわ

天皇の軍隊●大江志乃夫氏の『天皇の軍隊』（小学館）によると、「陸軍の主兵とされた歩兵連隊および一時期の騎兵連隊には、天皇から軍旗＝連隊旗が親授され」、「軍艦のへさきや兵舎の本部正面には、金色にかがやく菊の紋章がとりつけられていた」。さらに軍艦が撃沈されるとき、艦長は安置されていた「御真影」を奉じて艦と運命をともにしたという。軍隊は天皇に直属しているという意識は、こうした軍旗や菊の紋章、「御真影」に支えられていたのである。

何だかよく
わからない人間
のために
命を捧げろと
言われても
まとまらないわ
そこで
軍の支配層は
軍紀の引き締めを
徹底させよう
とした
でもさ
考えて
ごらんよ
天皇は
偉いんだって
どうやって
説明するわけ
む
どうして
天皇が偉い
のか
天皇の権威は
万世一系で神の子だという神話だけだし
明治の初めにはそんな神話は
まだ日本人の間に浸透していなかったし
ふつうの日本人には天皇に命を捧げる
理由が納得できなかったでしょうね
説明の
つかないことを
納得させるには
暴力が
てっとりばやい
天皇崇拝に
疑問を示す者は
徹底的に
ぶちのめす

そして下の者が上の者に異議申し立てをできないように上下の関係を厳しくしておけば
軍隊内で天皇崇拝に疑問を示すことはできない
北上先輩が部の再興の主だということに疑問を持つ者は北上先輩の取り巻き連中が暴力で押さえてきた
それおれたち東塔大学サッカー部と同じじゃないか
うう
そ・
それは……
こうして世界に例のない異常な上下関係が天皇の軍隊にはできあがった
この天皇の軍隊の遺産上下関係の厳しさが日本の社会を腐らせているんだ

おれは就職する つもりだから 日本の会社を いろいろ 調べてみて 驚いた
有名な 超大企業の 社長の中には 社長の権力を 笠にきて いばる人間が 多い
社長が いばると 社内に 厳しい 上下関係が できあがる
下の者は上の者に 絶対服従で 意見も言えない
商事
社長が不正をしたり 独断専行で 愚かな施策をとっても 誰もいさめる者が いない
その結果 超優良企業 だった会社が つぶれる
銀
バブル経済の 崩壊前後で つぶれた会社には そういう会社が 多かったね
上下関係を 厳しくするのは 上に君臨する者の 権威の正当性が はっきりしない からだよ
本当に 上下関係の 厳しさが 日本の社会を 腐らせて いるわ

能力や見識が優れていないのに生まれや幸運や上役へのごますりで社長になる人間は多い
そんな社長が権威を保とうとしたら上下関係で締めつけるしかない
天皇の軍隊と同じじゃないの
天皇の軍隊で教育された人間が民間に軍隊の上下関係を持ち込んだんだよ
支配する側からしたら便利だからね
便利だけど非情で冷酷で功利的な人間関係しか生まれないわ
以前 アメリカの野球が好きな女子大学生が日本の大学の野球部に部員として留学してきたことがあった
その女子大学生は帰国するときに日本の野球部は上下の関係が厳しくて「上級生と下級生の間に友情が存在しない」と言った その言葉おれの胸にぐさりときたよ
おれたち東塔大学サッカー部だってそうだった
一方的にいばる先輩たちとおれたちの間に友情関係はなかった
会社だって先輩社員がいばっているところじゃ後輩社員との間に同僚としての友情関係は成立しないわ

おれは上下関係による締めつけは何一つ良いことを生み出さないと思う
サッカーに必要なのは上級生下級生に関係ないチームワークだ
上下関係で締めつけたら良いチームワークは作れない
……
おれが主将の間は東塔大学サッカー部には上下関係による締めつけは許さない
いいさ勝手にしろよ
どうなっても知らないぞ
数日後
東塔大学サッカー部合宿所会議室
国旗に敬意を表さず国歌も歌わず部内の規律を破壊する

この澄川の所業は東塔大学サッカー部の名誉ある伝統を汚し
秩序を破壊するものだ
よって澄川を東塔大学サッカー部から除名する
除名！
ちょっ
ちょっと待ってください！
澄川を除名するなんて無茶です
田所監督澄川と心中する気か
えっ！

東塔大学サッカー部総会の決議だ
監督も従ってもらう
う…う う…う
こんな訳のわからない権威なんかに負けないぞ……
翌日
管理人さんいろいろお世話になりました
澄川君が除名だなんてみんなおかしいよ
部合宿所
TOPP

闘いますよ
必ず部に戻ってきます
そうだ連中に負けちゃいかん
必ず戻ってきたまえ
はい
日本の社会を生きづらいものにしている上下関係の締めつけは近代天皇制と切っても切れない関係にある
おれたち日本人はほかにもまだそれと気づかずに心の深いところまで近代天皇制におかされているところがあるんじゃないか
天皇制を考えるにはまず自分の心を点検しなければならないいな

日本軍はなぜ愚かな戦いを続けたのか

やってみなければわからない、やれば何とかなる。神がかり的精神は、生身の人間を神と敬う近代天皇制の産物だった。

私的制裁は「てっとり早い教育手段」

日本軍の内部での私的制裁がどんなものだったのか、大江志乃夫著『昭和の歴史第3巻／天皇の軍隊』（小学館）によれば、肉体的苦痛を与える方法として「拳でほおをなぐるビンタは日常的である。皮製のスリッパである上靴でおこなうビンタ、幅広の皮製ベルトである帯革や銃腔《じゅうこう》掃除用の鋼《はがね》製の細い棒である洗矢・携帯テント用の樫《かし》の木製のとがった細い杭《くい》をもってするむち打ち、初年兵同士をむかいあわせてなぐりあいをさせる対抗ビンタなども初歩的な暴力であった。武技の悪用でもっともふつうの方法は銃剣術用の木銃で突きたおすことであった」。その他に「腕立て伏せで肘《ひじ》をまげたままの姿勢を長時間とらせつづける方法、この方法で足の爪先を寝台の上なり整頓棚の上にのせさせて苦痛を加重する方法（急降下爆撃）、寝台の下を匍匐《ほふく》前進（這って前進すること――引用者注）させる方法、さらには寝台を一つおきにくぐり、のりこえさせる方法（うぐいすの谷渡り）、柱にのぼらせて片手で鼻をつまみセミの鳴声のまねをさせる方法（せみ）、編上靴《へんじょうか》のひもをむすびあわせて首からかけ四つんばいで各内務班をまわらせる方法」があり、また「海軍では、軍人精神注入棒と称するバットで臀部《でんぶ》を強打するという方法がもっとも多かった」と記している（同書89〜90頁）。その他に、精神的苦痛を与えるためのさまざまの陰湿ないじめの方法が記されている。

先年亡くなった山口瞳は常に抑制のきいた文章を書く作家だったが、自分の軍隊時代を振り返って、

「どうにも我慢がならないのは、内務班のことであり（中略）そのことを考えると、いまでも体が慄《ふる》えてくる」と書いている。

「軍靴の裏には鋲《びょう》が打ってあり、その鋲の数を訊かれて答えられないときは、軍靴の裏を舐《な》めさせられるのである。あるいは営内靴（スリッパ）でもって殴られるのである」（『男性自身シリーズ16／卑怯者の弁』新潮文庫181頁）

このような私的制裁は、「軍紀の鋳型」にはめ込まれた規格品としての兵士を作り出すのに一番効果的であって、「絶対服従を第二の天性と化するためには、暴力こそがもっともてっとり早い教育手段であった」（前掲『天皇の軍隊』88頁）。

上官の命令は天皇の命令だった

この残酷な私的制裁を上官や古年兵（入隊年次が上の兵隊。学校で言えば、上級生のような存在）が下級の兵に対して行う権利を与えたものは何か。

一八八二（明治一五）年一月四日、明治天皇が陸海軍人に下した「陸海軍軍人に賜はりたる勅諭」、いわゆる「軍人勅諭」の「礼儀」の項には、「下級ノ者ハ上官ノ命ヲ承ルコト実ハ直ニ、朕ガ命ヲ承ル義ナリト心得ヨ」とある。上官の命令は天皇の命令だと思え、と言うのである。いかなる私的制裁を加えられようと、上官に逆らうことは天皇に逆らうことになるから不可能だった。上官や古年兵に私的制裁を行う権利を与えたのは天皇の権威だった。

日本はいまだに、戦時中の日本兵がアジアの非戦闘員に対して残虐行為を重ねたかどで非難されているが、日常的に私的制裁を受け続けていた日本兵がいざ戦っている相手国の人間に対したとき、自分たちの受けてきた私的制裁の鬱憤《うっぷん》を自分たちより弱い立場の者に対して噴出しても、不思議はない。

しかも、この二〇世紀において世界の軍隊の中で例を見ないことだが、日本軍は方針として基本的に後方支援はせず、食料などは現地調達とされていた。これが、日本軍兵士が残虐行為を行ったもう一つの原因となった。中国でも、ビルマでも、マレーでも、日本軍は招かれて行ったわけではない。侵略したのである。一体どこの国の人間が、自分の国土に侵略してきて自分たちの親兄弟を殺している侵略者に喜んで食料を提供するだろうか。中国戦線で戦った兵士たちの日記などを読むと、「徴発」が重要な日課とされていた。「徴発」とは、力ずくで侵略地の人々から食料などを奪いとる強奪である。日本軍兵士は敵国の非戦闘員、多くは農民から、農民にとっても大事なものである食料を奪いとることを日常的に行わなかったら生きていけなかった。抵抗する者、要求に従わない者は強殺した。残虐行為をなしたと非難されるのは当然である。

日本軍がアメリカ軍のように、どんなに遠く離れた最前線にでも食料を補給していれば、日本軍兵士は「徴発」などせずにすんだから、現地人に対して、「徴発」にからむ強殺・強姦《ごうかん》などの残虐行為も引き起こさずにすんだだろう。占領軍のアメリカ軍兵士が当時の日本人にチョコレートやガムを与えたことと比べるとその差は大きすぎる。日本軍兵士の残虐行為は日本軍の基本方針からして避けがたいものだったのだ。家庭にあっては良き父、良き夫であって、生まれついての犯罪者であるはずもない日本軍兵士が、どうしてそんな残虐なことを自ら進んでするだろうか。日本軍兵士ほど哀れな存在はない。兵舎の中では私的制裁で痛めつけられ、外に出ては敵と戦うだけではなく、自分たちの命をつなぐために強奪・強殺することを余儀なくさせられ、犯罪者の汚名を着せられたのである。

このように一般の兵士に絶対服従を強いていた日本軍の幹部、指導者たちによって、日本は、先の太平洋戦争で大敗北を喫したのだが、では彼らはどんな種類の人間だったのか。それを考えるときに、ノモンハン事件を避けては通れない。

ノモンハン事件とは何だったのか

ノモンハン事件は一九三九年の五月から九月にかけて、外モンゴルのノモンハン付近で日本陸軍とソ連軍が国境線を争った戦いであるが、結果は「第一次世界大戦を経験せず、清、帝政ロシア、中国軍閥と戦ってきた日本陸軍にとっては初めての本格的な近代戦となり、かつまた日本軍にとって最初の大敗北となった。やってみなければわからない、やればなんとかなる、という楽天主義に支えられていた日本軍に対して、ソ連軍は合理主義と物量で圧倒し、ソ連軍戦車に対して火焔瓶《かえんびん》と円匙（シャベル――引用者注）で挑んだ日本軍戦闘組織の欠陥を余すところなく暴露したのである」（戸部良一ら六人の共著『失敗の本質――日本軍の組織論的研究』ダイヤモンド社14〜15頁)。

日本軍の負けっぷりはどんなものだったのか。ノモンハン事件は二次にわたって戦われているが、第二次の戦いが規模が大きかった。その第二次ノモンハン事件での日本軍の被害は、前掲の『天皇の軍隊』によると、上級幹部だけをとっても「師団参謀長戦死、後任の参謀長が重傷後に死亡、歩兵連隊長の一人は軍旗を焼いて戦場で自決(軍旗を焼くことの意味は後述)、一人は重傷、後任の連隊長は一人が戦死、一人が軍旗を焼いて戦死、もう一人の歩兵連隊長は重傷後に自決、野砲兵連隊長が戦場で自決、重砲連隊長が戦死、戦車連隊長が戦死、歩兵団長が重傷、国境守備隊長と師団捜索隊長が無断退却の責任を負って自決」、さらに全体を見ると「参加した第二三師団の出動人員一万五一四〇人、死傷率七九%、砲兵団二九〇〇人、死傷率五〇・一%、第七師団一万六一三人、死傷率三二・八%、第八国境守備隊四五七九人、死傷率三一・八%、参加火砲八二門中七七門を失った」(同書273〜274頁による)という惨澹《さんたん》たるありさまだった。

そこまで無惨な負け方をした最大の理由は、日本軍とソ連軍の物量の差だった。たとえば日本軍の戦車は、装甲鉄板が薄く、砲が短く、速度が遅く、外国の戦車に比べて非常に劣っていた。その上、ソ連軍は日本軍の十数倍の数の戦車を動員した。戦車だけでなく、日本軍の火砲もソ連軍にはるかに劣っていた。決定的だったのは日本軍の弾薬が極端に少なかったことで、日本兵は火炎瓶を持ち、あるいは地雷を抱えてソ連軍の戦車に突っ込んでいかなければならなかった。

村上薫著『驕《おご》りの失敗——太平洋戦史から何を学ぶか』(サイマル出版会)の中に、当時少佐参謀として作戦に参加した扇廣の証言が記されているが、扇はその証言の最後に概略次のように言っている。「(末期になると)全滅の危機にある第二三師団を撤退させなければいけないと、みな考えていた。しかし、軍司令官も師団長も参謀も、誰もそれを口に出す勇気がなかった。その背景に『絶対敵に後ろを見せてはいけない』という日本陸軍独特の神がかり的伝統精神が存在していたからである」

この、神がかり的精神こそ、生身の人間を神と敬う近代天皇制の産物である(なお、連隊の軍旗は天皇から与えられるもので、軍旗には天皇自身による署名が入っていた。したがって、軍旗は日本軍にとっては極めて神聖なものであった。戦いの場でもはや勝ち目がないとなったら、連隊長は敵に奪われて天皇の名を穢《けが》さないように、軍旗を焼いてみずから死なければならなかったのである。明治天皇が死んだ時、乃木大将は自分の妻と一緒に殉死したが、殉死の理由の一つとして西南戦争の際に軍旗を失ったことを遺書の中に書いている。それが、その後、日本軍の中に軍旗をより以上に神聖化する土台となった)。

ノモンハンでの日本軍のこの負け方は、単なる敗北ではなく、壊滅である。事件自体、局地的な国境をめぐっての争いだったから、ソ連は自分の主張する国境線を確保することで矛《ほこ》を納めたが、もしソ連国内外の事情が許したら、ソ連にとって当時の満州を支配していた日本の関東軍を一挙に屠《ほふ》ることも難しいことではなかっただろう。

これほどの決定的な敗北を喫した場合、まともな頭を持った人間なら、次には同じ負けを喫しないための戦略・戦術を研究するはずである。ところが、日本軍は初めて戦った近代戦であるノモンハン事件の敗北から学ぶことを一切しなかった。その結果が、英米相手の勝てる見込みが最初からない無謀な戦いに突入し、ミッドウェー、ガダルカナル、インパール、レイテ、沖縄と主要な戦いのすべてに敗北を喫し、日本を滅亡に追いやることになったのである。

特に、このノモンハン事件を指揮・指導した服部卓四郎、辻政信という二人の参謀は、この責任を取ることもなく、再び大本営の参謀本部に戻って太平洋戦争の指揮をとり、今度はノモンハンどころではない決定的な破滅に日本を導き、三〇〇万近くの日本人と三〇〇〇万ともいわれるアジアの人々の命を奪った。

物事を科学的に見れなかった軍の指導部

日本陸軍の実際の戦略を立て、作戦を指揮するのは「陸軍大本営」の「参謀本部」の「作戦課」だったが、その「作戦課」の参謀になることができたのは、陸軍大学を六番以内の成績で卒業した優等生に限られていた。その陸軍大学に入学する条件は、連隊での任務が二年以上で品行方正、身体壮健かつ頭脳が優れていると所属長が認めた中尉・少尉だった。入学試験はきわめて難しく、陸軍大学を卒業している者とそうでない者とではそれ以後の出世がまるで違った。ましてや、その中で成績が六番以内の優等生として卒業した者は特別扱いされた。ノモンハン事件で大敗を喫したにもかかわらず、服部卓四郎、辻政信が責任を取らずにすんだのも、二人とも陸軍大学の優等生であったからだった。

ところが、三根生久大著『帝国陸軍の本質』(講談社)によれば、陸軍大学での教育は、「用兵教義が軍令によって示され、これに対しては批判や懐疑が許されなかった」し、その教育の底辺に流れていたものは「徹底した精神主義と他律主義であった」。それが「エリート軍人と称された彼らの全人格と頭脳を硬直させ、発展性のないものにしてしまった」。

結果として、終戦処理内閣の首班になった東久邇《ひがしくにの》宮稔彦《みやなるひこ》親王に「小利巧に小策を弄する才子的な気の利いた者たちが陸大で優秀な成績を収め、やがて中央部の重要な地位を占めるようになったから、大本営の用兵には、大所高所から広く全般を達観し、果敢に全陸軍を運用する大戦略的な着眼が全くなかった」と言わしめる結果になった(同書161頁)。

日本軍の敗北の中でも一番悲惨なインパール作戦計画を立てた第一五軍の司令官牟田口廉也は、周囲の者たちが「無謀である」と言うのに対して「必勝の信念」を主張し、「英軍などは迂回して鉄砲を上空に向かって三発も撃てば〝アイ・アム・サレンダー〟と言って投降してくる」などと言うに及んで、補佐すべき幕僚たちも「もはや何を言っても無駄だ」という諦《あきら》めに包まれてしまった上に、牟田口の上官の杉山参謀長が作戦に反対する大本営の真田作戦部長に人情論で翻意を迫り、作戦が実行されることになったのである。しかし、例によって補給を全く考えない作戦で、兵士たちは険しい山道、どろどろの湿地帯の中、食料不足、アメーバ赤痢などに苦しめられ、戦う以前に飢えと病気で次々に悲惨な死を遂げていった。いまだに、インパール作戦で多くの日本軍兵士が飢えと病気で倒れたアラカン山系の山道は「白骨街道」と呼ばれている。

その間、牟田口司令官は何をしていたかというと、当時陸軍宣伝班員だった高木俊朗の『抗命』(文藝春秋)によれば、「早朝、山の尾根の方から、かしわ手をうつ音がひびき、祝詞《のりと》を読む声が高らかに聞こえた。その読み方は気ちがいじみた調子で、しかも、なみなみでない大声である。(中略)その、気ちがいじみた、祝詞のぬしが牟田口軍司令官であった。神がかりは、すでに有名であっただけに、今度は『神がかりから、頭へきた』と、うわさされた」（同書241～242頁）し、司令部の乱行もひどいものだった。ラングーンに「翠紅園」という大きな日本料亭があって、そこには大勢の芸者がおり、方面軍司令部や各兵団の高級将校が内地と同じ酒宴を催していたという（前掲『驕りの失敗』12頁）。

作戦に参加した兵士約一〇万、そのうち死亡三万、後退した患者二万、残存兵力五万のうち約半数が病人、しかも、これら生存者の多くは、退却行の中で死んでいった（前掲『天皇の軍隊』297頁）。しかし、牟田口はそれに対して責任を取ることもなく、陸軍予科士官学校校長となり、一九六六年まで生きのびた。

三根生久大は「失敗した戦法、戦術、戦略を分析し、その改善策を探究し、それを組織の他の部分へも伝播していくということは驚くほど実行されなかった。これは物事を科学的、客観的に見るという姿勢が決定的に欠けていたことを意味する」と言っている（前掲書）。

ノモンハン、インパールに限らず、日本軍の敗戦は大本営を頂点とする軍の指導部の、理解不能としか言えない愚かしさが導いたものである。

そもそも、生産力で1対15のアメリカに対して戦争を仕掛けることからして無謀であったのに、軍の指導部は「八紘一宇」という神武天皇の神勅を実現するための聖戦と称し、「皇軍不敗」「精神力があれば戦車の装甲も銃剣で貫ける」などと、神がかった精神論を振りまわし、敗れるべくして敗れた。

「戦うときに一番恐ろしいのは強い敵ではない。愚かな味方を持つことである」とは兵法の常識である。日本軍は、兵士は精強であり、貧弱な武器でよく戦った。対するに、指導者層は失敗に学ぼうとせず、科学的に物事を考えようとせず、自分たちの功名心と面子《メンツ》と仲間内のなれあいで、アジアを地獄に陥れたのだが、そんな彼らの権威を支えたのは天皇の存在だった。軍を支配する統帥権《とうすいけん》を持つのは天皇だけである、と言って政府にも軍の行動に口を出させず、軍部は自分たちの意のままに戦争を進めていったのだ。

天皇がいなかったら、軍の指導者層の思い上がりもなかっただろうし、日本軍兵士の苦しみも、アジアの人民の苦しみも、なかった。かくまで愚かしく、無惨な日本軍の上から下までを貫き通していたのが、天皇の存在だったのである。

第4章 臣と民

君が代
君が代は、
千代に八千代に、
さざれ石の
いわおとなりて、
こけのむすまで。

戦後初めて音楽教科書に登場した「君が代」(昭和29年)。36年からは、すべての出版社の1年～6年の教科書に必ず出ている。

仁のアパート
やれやれ あっけなく サッカー部を 退部になって しまったもの だな
このまま 引き下がら ないさ 必ず戻って みせるよ
そうとも
あの連中を のさばらせて いたら
サッカー部も だめになって しまう
さて どうやって 反撃するか だな

RRRR…
大変よ!
岡原理事長が
なに!?
岡原さんがどうかしたのか
東塔大学
この雑誌の中で岡原理事長は
「君が代」は民主国家日本の国歌としてふさわしくないから国歌に制定することに反対すると言っている
岡原理事長は退陣せよ!
東塔大学の恥
岡原理事長弾劾
その理由は「君が代は近代日本の不幸をもたらした戦前の天皇制を引きずっているから」だと言う
理事長の暴言は歴代天皇と日本の歴史を冒瀆《ぼうとく》するものだ
許せない

理事長は日本の戦争はすべて侵略戦争だと言う
そのような自虐的な歴史観を持ち日本の礎《いしずえ》である天皇を冒瀆する人間は東塔大学から追放せよ
理事長を追い出せ！
東塔大学の恥だ！
いや日本の恥だ！
自虐史観の持ち主はたたき出せ！
「君が代」を国歌に制定するのに反対するから岡原さんを追い出せだと
戦前の天皇制を引きずるのを批判することが歴代の天皇を冒瀆することにはならないだろう
個々人としての歴代天皇と制度としての近代天皇制とはわけて考えるべきものだ
天皇を冒瀆するとか自虐史観の持ち主だとか
意図的に岡原さんをおとしめようとしているのよ
これは陰謀だよ

自虐史観●教科書の記述など日本の歴史を振りかえるときにその暗黒面、加害者としての側面のみをクローズアップしている、として批判する立場から使われてきた言葉。その一人で東大教授の藤岡信勝氏によると、自虐史観とは「自国史を悪魔の所業の連続のように描き出す。自国にムチ打ち、呪い、ののしり、糾弾する」（『「自虐史観」の病理』文藝春秋）となるが、こうしたレッテル貼りで実のある議論が生み出されたためしはない。

理事長室
ワーワーワー
ワーー
まさか君たちがサッカー部を退部になるとは思わなかったが
この騒ぎを見ると連中本気でやる気だな
連中と言いますと？
ワワ
サッカー部の大先輩
北上をかついでいる連中だよ
それじゃ岡原さんをおとしいれようとしているのも北上大先輩をかつぐ人たち！
まあ！

日本の上層階級はわれわれ一般大衆には信じられないほど互いに姻戚関係で結ばれている
自民党の国会議員の三分の一は二世三世議員だが
彼らと財界の有力者の間は縁戚関係でつながっていて互いに協力し合っている
おれたち一般大衆とは無縁の話だね
その中で北上家は昔から権威のある家系で政財界で力を持った人間は北上家と姻戚関係を結びたがる
北上家と縁戚関係にあると格が一段上がるのだ
北上家はそんなに権威のある家柄なのね
彼ら北上をかつぐ人間たちは
日本を戦前の近代天皇制の形に戻そうとしている
ワー
ワー
この騒ぎを見ると彼らは本気だ

世襲の国会議員●父や兄など親族の地盤を引き継いだ「世襲」議員は今回（二〇〇〇年）の総選挙の結果、自民党全体の当選者二三三人の三八％に当たる八九人にのぼった。さらに民主党でも二五人が当選するなど、衆院議員四八〇人の二六％に当たる一二六人が世襲議員、となっている。代表的なところでは、自民党で加藤紘一（父が衆院）、小泉純一郎（父、祖父が大臣）、橋本龍太郎（父が厚相、祖父も衆院）ら。野党にも、鳩山由紀夫、羽田孜、小沢一郎らの世襲議員がいる。

岡原さんを追放しようというのもその運動の一つなんだ
だが彼らが天皇制を取り戻そうとしているのは天皇のためではない
自分たちの利益のためなのだ
天皇のためでなく自分たちの利益のため！
その証拠に彼らは「君が代」の意味を知らずに
国歌にしろと言う
「君が代」はもともと天皇を敬う意味の歌ではなかったのに彼らはそれを知らない
え！
「君が代」の意味？
「君が代」は天皇を敬う意味の歌じゃなかったですって！
それじゃいったい「君が代」って何なんですか

君たち
「君が代」はどんな歌だと思っているのかね
卒業式
天皇を敬いほめ称える歌でしょう
天皇の治世がいつまでも続きますようにという意味でしょう
天皇家の繁栄を祈る歌だと思う
そうだなぁ……
「君」というのは天皇で「代」というのはその天皇の支配するこの世の中
だから天皇の支配がいつまでも続きますようにと
祈る歌だと思います

一般の日本人は皆君たちのように「君が代」をとらえているんだろうな
「君が代」を国歌とすることに賛成する者も反対する者も「君が代」は天皇を称え敬い
天皇がいつまでも日本を支配することを願う歌だと思っている
しかしもともと「君が代」はそんな意味の歌じゃなかったんだ
じゃいったいどんな意味なんですか
ここに「君が代」について研究した本がある
『君が代の歴史』（山田孝雄著、宝文館出版）
「君が代」の歴史ですって
へえ
「君が代」って一冊の本になるほどの歴史があるものなの
著者はあとがきでこの本は「君が代」の国歌としての可否を論ずるのではなく「君が代」の沿革と本義と本質を説くものだと言っているが——
パラリ
その通り歴史的文献を広く渉猟《しょうりょう》し事実を積み重ね正確な論議を尽くしている

山田孝雄《よしお》●一八七三～一九五八。富山県生まれ。富山中学中退後、独学で教員免許を取得。小・中学の教員を経て、東北大教授、貴族院議員、国史編修院院長を歴任。独自の文法体系を構築するなど、国語学・国文学・国史学といった広い分野にわたって多くの業績を残した。著書に『日本文法論』『万葉集講義』『漢文の訓読によりて伝へられたる語法』など。

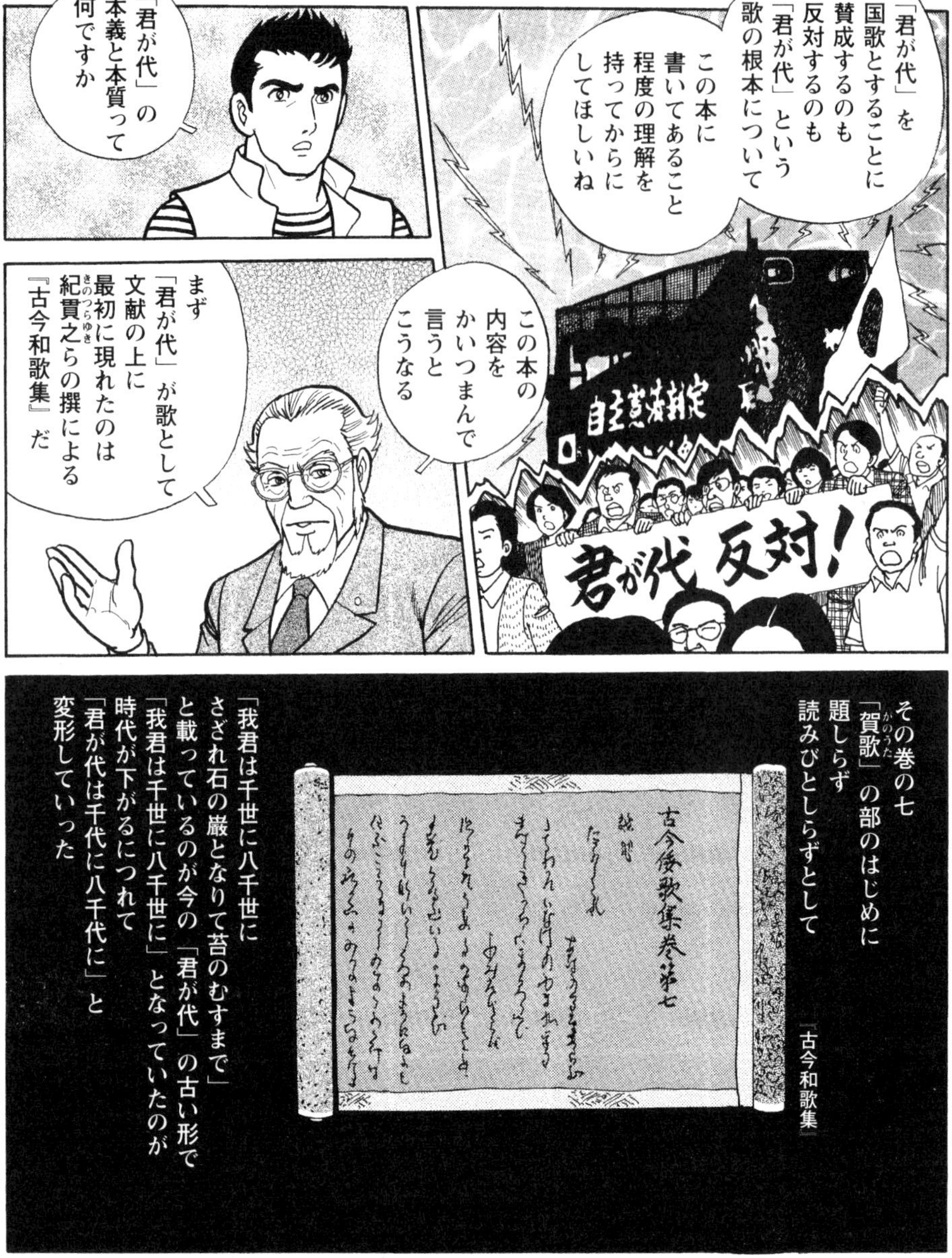
「君が代」を国歌とすることに賛成するのも反対するのも「君が代」という歌の根本について
この本に書いてあること程度の理解を持ってからにしてほしいね
君が代 反対!
「君が代」の本義と本質って何ですか
この本の内容をかいつまんで言うとこうなる
まず「君が代」が歌として文献の上に最初に現れたのは紀貫之《きのつらゆき》らの撰による『古今和歌集』だ
その巻の七「賀歌《かのうた》」の部のはじめに題しらず読みびとしらずとして
『古今和歌集』
「我君は千世に八千世にさざれ石の巌となりて苔のむすまで」と載っているのが今の「君が代」の古い形で「我君は千世に八千世に」となっていたのが時代が下がるにつれて「君が代は千代に八千代に」と変形していった

古今和歌集●九〇五年、醍醐《だいご》天皇の勅によって撰集が開始され、九一三年から九一四年にかけて完成されたといわれる、最初の勅撰和歌集。撰者は紀友則・紀貫之・凡河内躬《おおしこうちのみ》恒《つね》・壬生忠岑《みぶのただみね》の四人。歌数はおよそ一一〇〇首で、春・夏・秋・冬・賀・離別・恋などに分類され、この形式は以後の勅撰和歌集の規範となった。作者は四人の撰者のほか、六歌仙（僧正遍昭《そうじょうへんじょう》、在原《ありわらの》業平《なりひら》、小野小町《おののこまち》など）ら一二七人、〈読人知らず〉の作も六割に達している。

まあ!
『古今和歌集』といったら一〇〇〇年以上も前にできたものでしょう!
「君が代」はそんな昔からあった歌なの!
私は明治になって政府が作ったものだと思っていたわ
国歌となるとそう思ってしまうよな
この歌はたいへん人気があって『古今和歌集』の後も『新撰和歌集』『和漢朗詠集』などさまざまな歌集に収録され——
さらに『曾我物語』や謡曲の中にも使われ江戸時代になると浄瑠璃《じょうるり》 小唄 長唄 常磐津《ときわず》にまで取り入れられた
ふへえ!
そんなに昔から人気のある歌だったのか
浄瑠璃や小唄に取り入れられたとなると
国歌という四角張った印象とはだいぶん違うわ
ほんとよねどうしてそんなにいろいろのところに使われたのかしら

「君が代」の収録●『古今和歌集』は、『新撰和歌集』と同じく、紀貫之が醍醐天皇の勅命を受けて編んだ秀歌選。三六〇首の八割は『古今和歌集』よりとっているが、それの賀の部のはじめに「我が君は千世にやちよにさざれ石の巌となりて苔のむすまで」とある。『和漢朗詠集』は、藤原公任《きんとう》が朗詠に適した和歌と漢詩文を集め収めたもの。下巻の祝の部に「わがきみはちよにやちよにさざれ石のいはほとなりて苔のむすまで」とある。『曾我物語』は曾我兄弟の仇討ちを記した軍記物語で、作者は不明。中で「『君が代は千代に八千代をさざれ石の』としぼりあげて『いはほとなりて苔のむすまで』と短く舞うてをさめけり」とある。

本居宣長●一七三〇～一八〇一。江戸中期の国学者。伊勢国松坂の木綿問屋に生まれるが、家業の不振で医者を志し、上京。やがて学者としての道を進むようになる。三十三歳の時、賀茂真淵と出会い、『古事記』研究を託されるとともに正式に入門した。三十数年間かけて完成させた『古事記伝』は、ここに始まる。また『源氏物語』を「もののあわれ」（人が物事に触れて感動する心）の文学としてとらえたことでも知られる。上の記述は、『古今和歌集』最初の口語訳といわれる『古今和歌集遠鏡《とおかがみ》』にある。

はあ……
これからももっともっと長生きして繁盛してください
という意味なのね
となると君が代というのは相手の年齢のことを指すことになる
それじゃ君が代は天皇の治世のことじゃないんだ
貴方の年齢が千年も万年も重ねるようにということですね
そうだ で 問題なのは君が代の「君」とは誰のことなのかということだ
誰って天皇のことでしょう
そうではない君が代の「君」とは天皇に限らない
誰でもいいのだ
何ですって！
君が代の「君」は天皇ではなくて誰でもいいんですか！

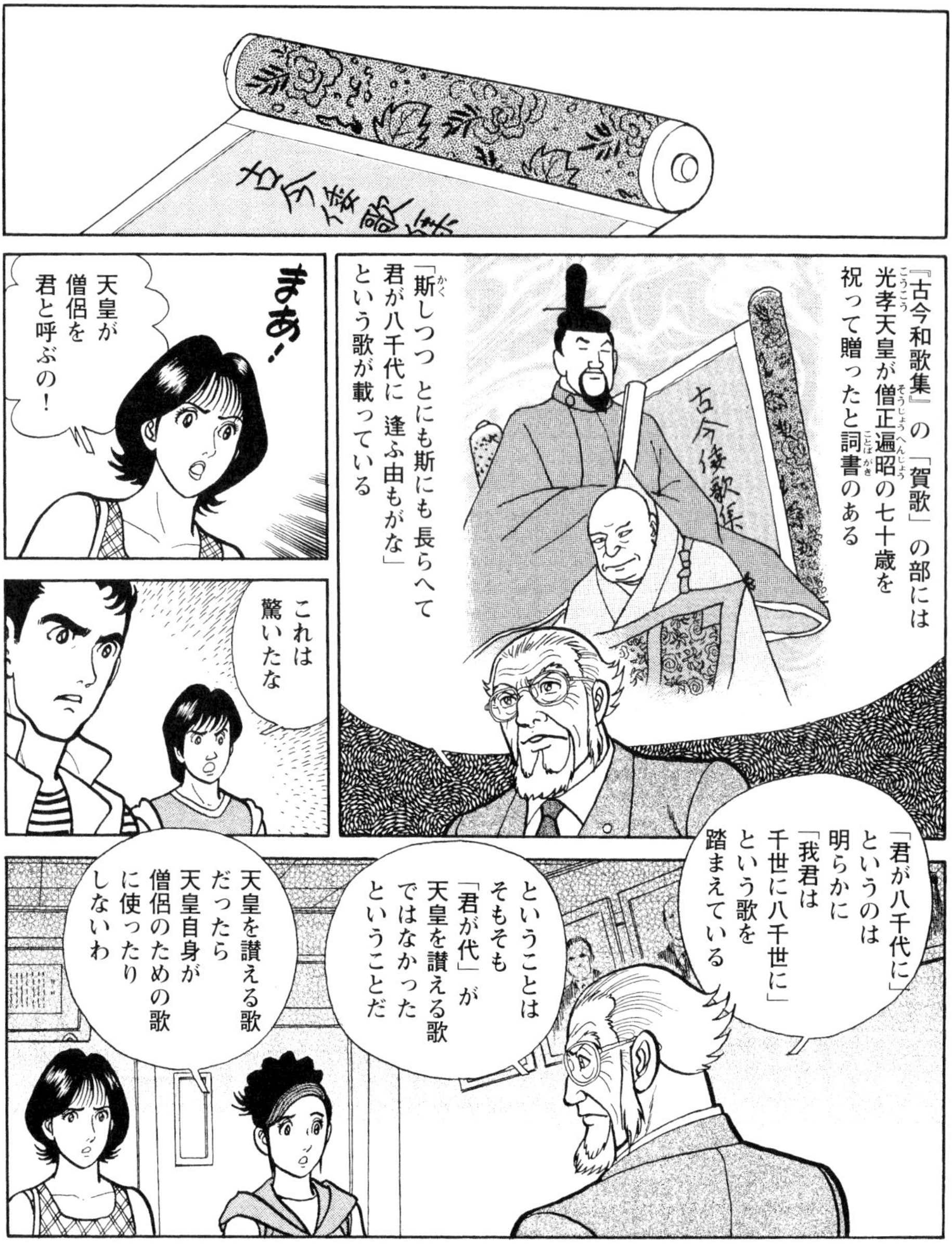
古今倭歌集
『古今和歌集』の「賀歌」の部には
光孝《こうこう》天皇が僧正《そうじょう》遍昭《へんじょう》の七十歳を
祝って贈ったと詞書《ことばがき》のある
「斯《かく》しつつ とにも斯にも長らへて
君が八千代に 逢ふ由もがな」
という歌が載っている
まあ!
天皇が僧侶を君と呼ぶの!
これは驚いたな
「君が八千代に」というのは明らかに「我君は千世に八千世に」という歌を踏まえている
ということはそもそも「君が代」が天皇を讃える歌ではなかったということだ
天皇を讃える歌だったら天皇自身が僧侶のための歌に使ったりしないわ

光孝天皇と僧正遍昭

●光孝天皇は八八四年、陽成《ようぜい》天皇の退位後、従母弟の藤原基経に擁立されて五十五歳で即位。遍昭（遍照とも）は平安前期の歌人で、六歌仙・三十六歌仙の一人。仁明《にんみょう》天皇の死により出家、八八五年に僧正となっている。遍昭は八九〇年、七十五歳で死去しているため、上の歌は八八五年に詠んだものと思われる。

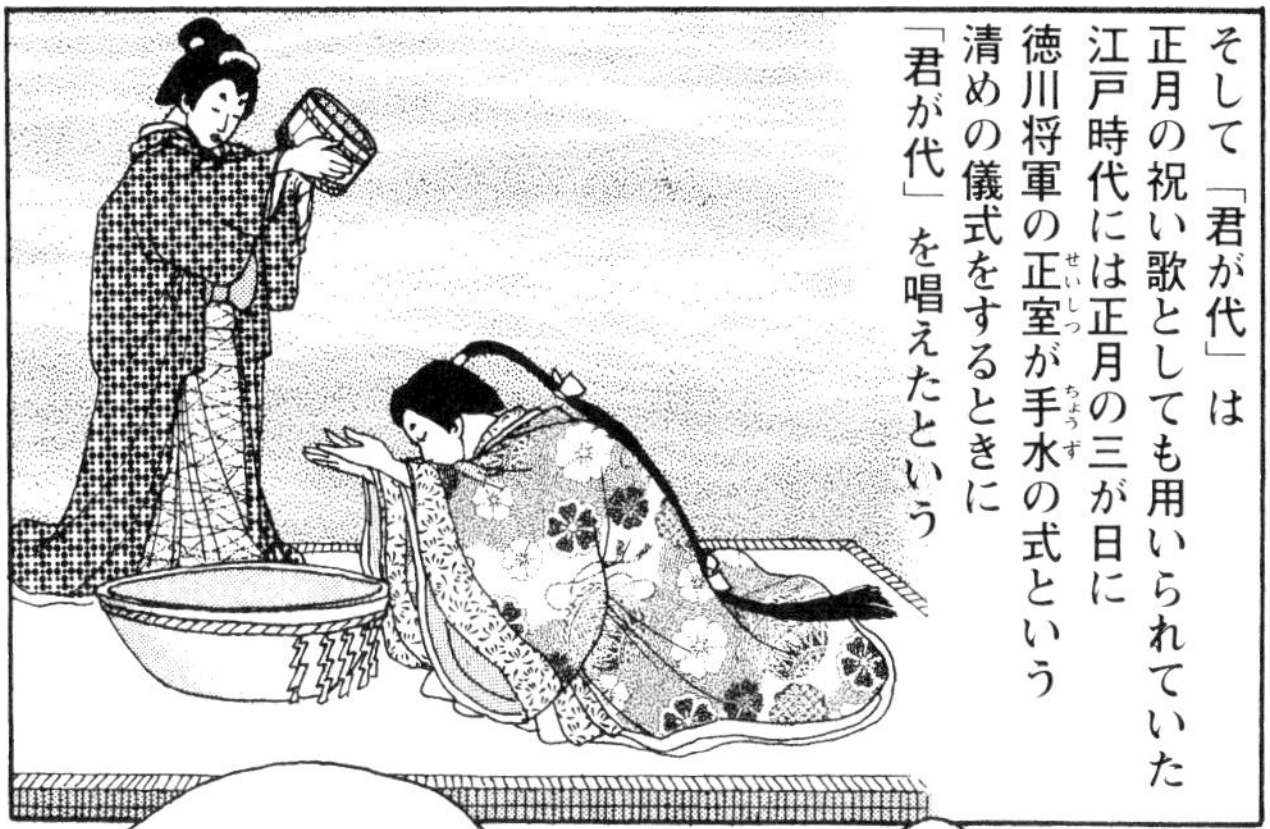
そして「君が代」は
正月の祝い歌としても用いられていた
江戸時代には正月の三が日に
徳川将軍の正室《せいしつ》が手水《ちょうず》の式という
清めの儀式をするときに
「君が代」を唱えたという

（注）手水の式
　盛装した正室が、注連《しめ》飾りをした白木の盥《たらい》の前に座る。

　中臈《ちゅうろう》（御殿女中のなかで上臈の下の位のもの。といっても、ふつうの御殿女中よりははるかに位は高い）が湯の入った桶を持って盥の上に出す。

　正室は、盥の上に手を出して湯を受ける真似をして、「君が代」を唱え、両手を額まで上げて、拝む。

ありゃりゃ…
徳川将軍の
正室が
「君」と言えば
将軍のこと
だよな
正月の祝いの
食事をとるときに
「君が代」を唱えたり
書き初めとして
「君が代」の文句を
書いたりもした
さらには
酒宴の終わりに
「君が代」を
歌うことも
行われていた
そうか
「君が代」は
単なるお祝いの
歌だったんだ
ほんとうに
それじゃ
「君が代」の
「君」は
天皇でも
誰でも
いいわよね
それだけ
広く親しまれ
たのだから
「君が代」は
日本人の間に
人気があった
んだね

でも
そんなにいろいろなときに使われたんじゃ神聖な感じはしないよね
それがどうして国歌になったんだろう
そのあたりはいろいろ面白い話があるのだが
はしょって言うと
明治になってイギリスの軍楽隊長に日本も国歌を持つべきだと言われて薩摩出身の人間が鹿児島の田舎でも祭礼の時に歌われていた「君が代」を選んでイギリス人に作曲してもらったのだそうだ
薩摩藩が明治政府で力を持っていたのは知っていたけれど自分の田舎で祭礼の時に歌っていたものを国歌にしようだなんて天皇を敬う歌でも何でもないじゃないの
大山巌
しかも国歌として作られたのはほかにもいくつかあって「君が代」はその中の一つでしかなかったし後になって曲も変更になった

「君が代」の作曲者●一八六九年頃、イギリス歩兵隊の軍楽隊長だったジョン・ウィリアム・フェントンは薩摩藩砲兵隊長の大山弥助（後の元帥陸軍大将大山巌《いわお》）に対して、儀礼音楽としての国歌の必要性を説いた。大山は平素自分たちが愛誦していた薩摩琵琶歌「蓬《ほう》萊山《らいさん》」に入っていた「君が代」を選定し、フェントンに作曲を頼んだという。しかしその曲は歌詞に合っていなかったため、海軍省は新たに宮内省雅楽課に依頼。八〇年に林広《ひろ》守《もり》が作曲、海軍省傭教師のフランツ・エッケルトが編曲して現行の「君が代」が完成したといわれている。

ふぇ…
ますます「君が代」ってのはありがたみがないねえ
「君が代」は歌としての成り立ちとその来歴を見ればわかるように本来天皇を敬う意味のものではない
本当に天皇を尊崇《そんすう》するならそんな「君が代」をありがたがるのはおかしいだろう
徳川将軍家で歌っていたような歌を
天皇崇拝者が歌うなんておかしいよな
でも「君が代」がそんなものだったなんて知らなかったわ
「君が代」法制化の先頭に立っている人たちも知らないと思うよ
うむ
彼らが純粋に天皇を尊崇しているわけではないことがこれでわかるだろう
「君が代」の本当の意味すら知らないのだから
では彼らはなぜ「君が代」を法制化したがっているのかしら

それは明治中期以降天皇崇拝が強くなるにつれて「君が代」の本当の意味を取り違えて「君」は天皇のことで「君が代」は天皇を讃えその治世が永遠であることを祈る歌と思われるようになってしまったことを考えればわかる
そうか彼らは「君が代」の本当の意味なんかどうでもいいんだ
ただ戦前の社会に日本を戻すための道具に使いたいだけなんだ
その通り
彼らの本音は今の憲法を改正して明治憲法体制に近い形に日本を戻すことだ
「君が代」「日の丸」法制化はその第一歩なんだ
また天皇を現人神《あらひとがみ》と敬う社会にしようというんでしょうか
まさかそこまでは行かないだろうが
天皇に今より大きな政治的役割を与え天皇の権威を高めようと考えていることは確かだね

「君が代」の普及●「君が代」は正式に国歌とされたことはなかったが、一八九〇年の教育勅語発布以後、学校をとおしてその浸透が図られた。文部省は九三年に小学校の祝祭日などの儀式に用いる唱歌を八曲発表したが、その冒頭に林広守作曲の「君が代」が告示された。そして『小学修身書』には「私たち臣民が『君が代』を歌ふときには、天皇陛下の万歳を祝ひ奉り、皇室の御栄を祈り奉る心で一ぱいになります」と書かれるなど、天皇の治世が永遠に繁栄することを祈る歌と規定されていくことになる。

それじゃ国民の主権はどうなるの
彼らも同じ国民でしょう
自分の主権を弱めるようなことをどうしてするの
その方が彼らの利益になるからだ
その方が彼らの利益になる？
彼らは天皇の臣《しん》だ
臣として民を支配するには天皇の権威が高い方が具合がよい
天皇の権威を高めるのは彼らの利益になる
彼らは天皇の臣？
天皇制を考えるとき
臣と民の区別を忘れてはいけない
そしてわれわれ一般国民は天皇と臣によって支配される民であることも忘れてはいけない

天皇制社会では
大ざっぱに言うと
天皇の下に
臣と民がいる
東塔大学
臣は天皇に
仕える人間で
天皇から報酬を
与えられている
民は天皇に
各種の税を
納める
いわば
臣は天皇から
与えられる
立場であり
民は
天皇と臣から
奪われる立場
にある
臣は
与えられる者
民は
奪われる者か

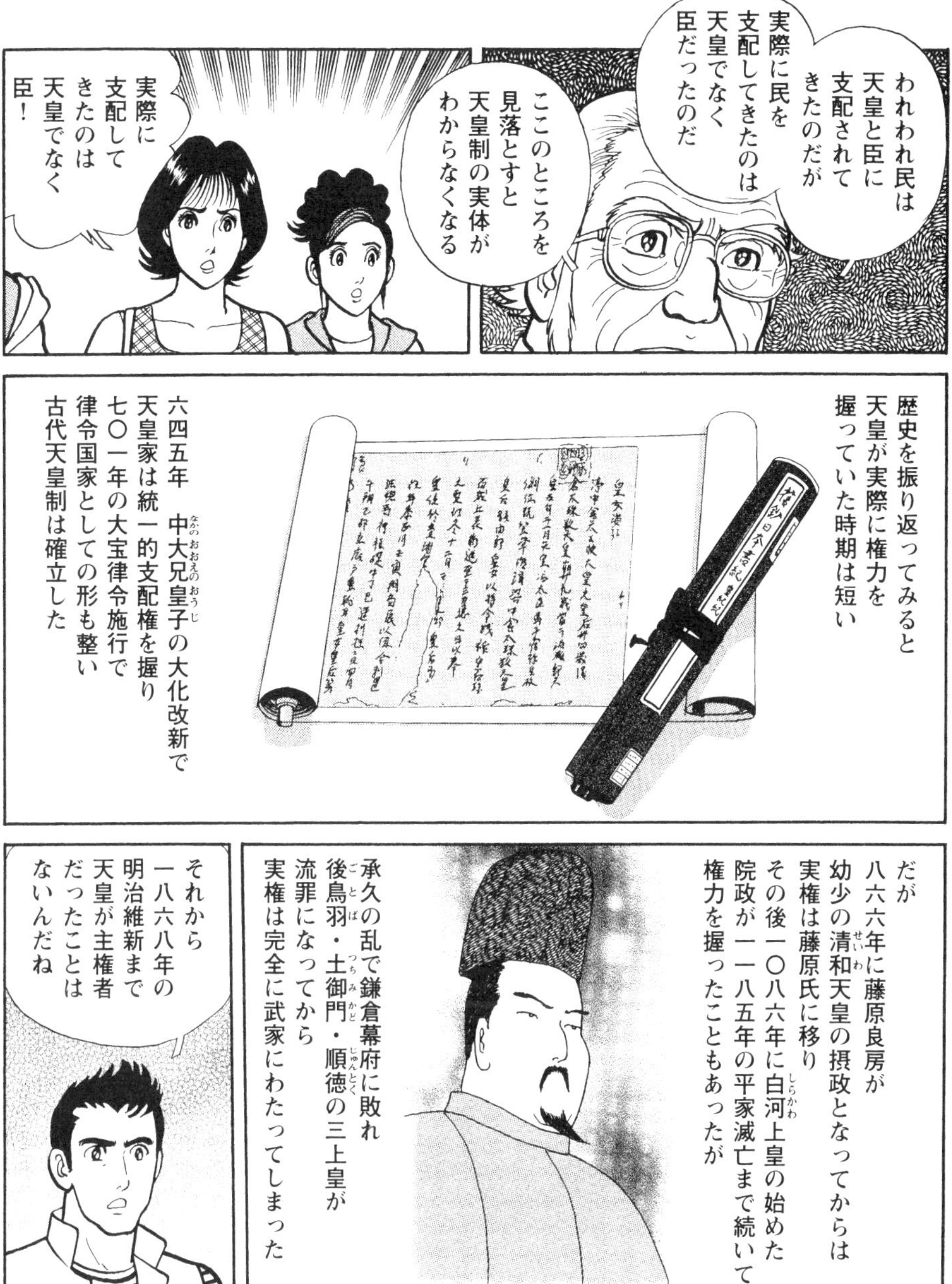
われわれ民は天皇と臣に支配されてきたのだが
実際に民を支配してきたのは天皇でなく臣だったのだ
ここのところを見落とすと天皇制の実体がわからなくなる
実際に支配してきたのは天皇でなく臣!
歴史を振り返ってみると天皇が実際に権力を握っていた時期は短い
六四五年　中大兄皇子《なかのおおえのおうじ》の大化改新で天皇家は統一的支配権を握り七〇一年の大宝律令施行で律令国家としての形も整い古代天皇制は確立した
だが八六六年に藤原良房が幼少の清和《せいわ》天皇の摂政となってからは実権は藤原氏に移りその後一〇八六年に白河《しらかわ》上皇の始めた院政が一一八五年の平家滅亡まで続いて権力を握ったこともあったが
承久の乱で鎌倉幕府に敗れ後鳥羽《ごとば》・土御門《つちみかど》・順徳《じゅんとく》の三上皇が流罪になってから実権は完全に武家にわたってしまった
それから一八六八年の明治維新まで天皇が主権者だったことはないんだね

承久の乱●一二二一年、後鳥羽上皇とその近臣が鎌倉幕府打倒に挙兵し、逆に幕府軍に大敗、鎮圧された事件をいう。三代将軍源実朝が暗殺されたのを機に、倒幕の意志を強めた上皇は五月、一四か国の軍兵を召集。北条義時を中心とする幕府軍と戦ったが、一か月で敗北した。上皇は、乱の責任は謀臣にあって自分にないと申し入れたが、幕府側は厳しい処置でのぞみ、後鳥羽、順徳、土御門の三上皇をそれぞれ隠岐《おき》、佐渡、土佐に配流した。

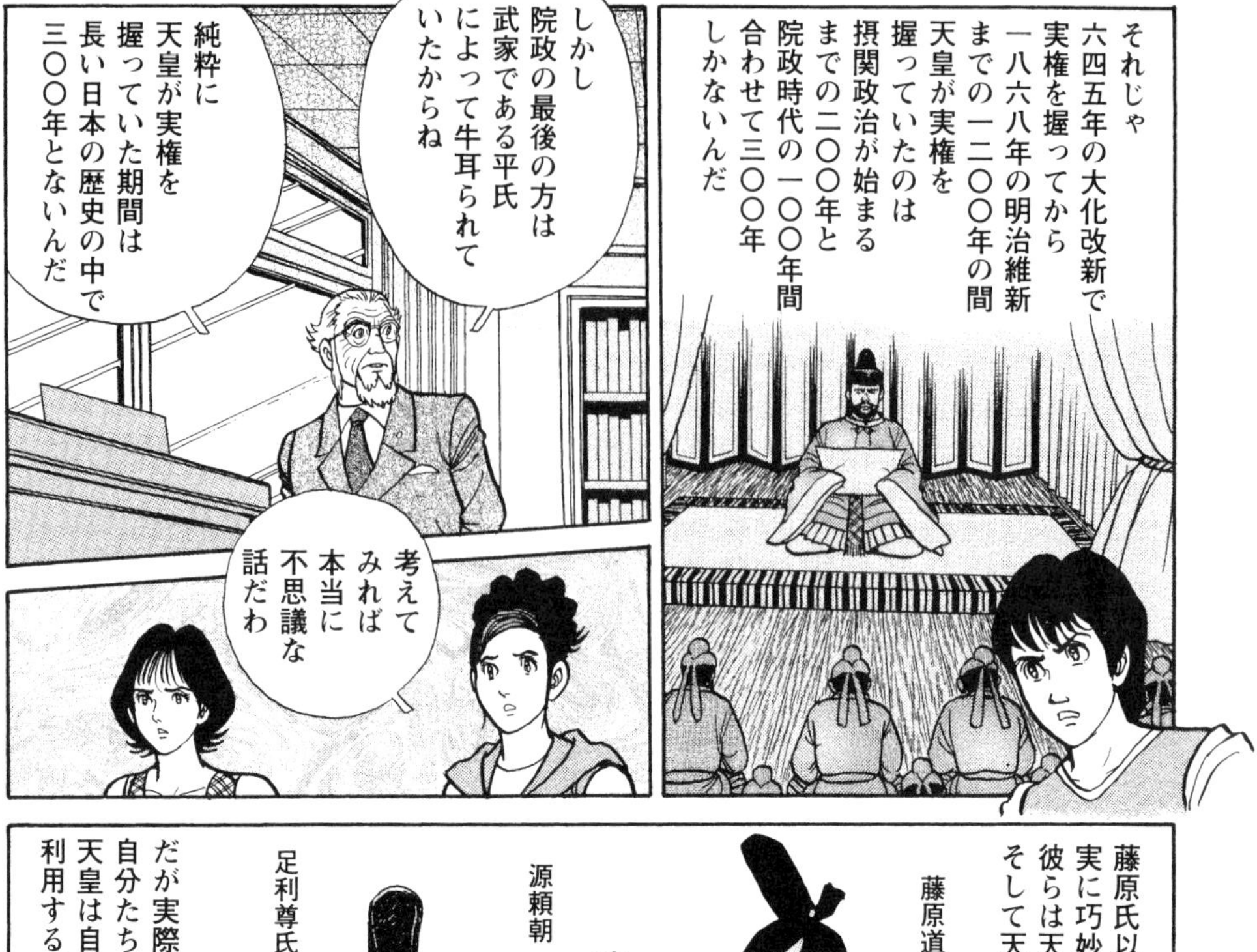
それじゃ六四五年の大化改新で実権を握ってから一八六八年の明治維新までの一二〇〇年の間天皇が実権を握っていたのは摂関政治が始まるまでの二〇〇年と院政時代の一〇〇年間合わせて三〇〇年しかないんだ
しかし院政の最後の方は武家である平氏によって牛耳られていたからね
純粋に天皇が実権を握っていた期間は長い日本の歴史の中で三〇〇年とないんだ
考えてみれば本当に不思議な話だわ
藤原氏以降日本の実権を握ってきた者は実に巧妙な仕組みを操ってきた彼らは天皇の忠実な臣としての地位を作りそして天皇に代わって政治をする形を取る
藤原道長
源頼朝
足利尊氏
徳川家康
大久保利通
だが実際はすべての実権を自分たちが握って天皇は自分たちの権威付けに利用するだけだったのだ

院政時代●譲位した天皇である上皇あるいは出家した上皇である法皇が、国政全般を支配した時代をいう。一〇八六年の白河上皇の院政開始に始まり、以後、鳥羽・後白河と三代の院政が続き、鎌倉時代初期の後鳥羽院政をもって終わりとする。直系の子孫に確実に皇統を継がせようとした天皇家、摂関家に抑えられていた中下級貴族、実力を自覚するようになった武士勢力、それぞれの意図が結びついて院政時代は出現したと考えられている。

中国でも
ヨーロッパでも
権力を握ろうと
する者は
それ以前の王や
皇帝を倒して
自分がその地位に
ついたのに
どうして
日本の権力者は
足利氏も
徳川氏も
自分が天皇に
なろうとしなかった
のかしら
それは
日本人の性向の
奥深いところに
由来するのでは
ないかな
日本人の性向の
奥深いところ？
日本人ほど
奇妙な
民族はいない
これが偉いのだ
これが権威だ
と言われると
その意味も確かめず
無条件で
ありがたがり
崇め奉る
一人の人間が
葬式で寺に行き
初詣《はつもうで》に神社に行き
結婚式を教会であげる
こんな国が
世界中ほかにあるだろうか
キリスト教徒
でもないのに
クリスマスを
祝ったりも
するからね

権力者と天皇●天皇家の廃絶を企てた権力者を挙げるとすれば、室町幕府が最盛期を迎えたときの三代将軍・足利義満であろう。既に中国との国交では明より「日本国王源道義」と記された詔書を受け取り、自身も「日本国王臣源」と返書を送っていた義満は、「太上《だいじょう》天皇」（譲位した天皇）をめざそうとする。溺愛していた次男義嗣《よしつぐ》に皇位を継承させるべく、一四〇八年四月、親王元服の儀に準じて内裏《だいり》で元服式を挙げさせる。だがその数日後、義満が咳病で急逝したため、この企ては実を結ばなかった。

みんながありがたがり崇めるものを自分もありがたがり崇めないと不安なのね
自分自身の価値観を自分で築く態度がないから権威に弱いんだ
ブランド物を異常にありがたがるのもその表れね
そういう国民を操縦するのには自分自身が権威になるより
誰かを権威に仕立て上げて自分はその権威の代行の資格をもらった方がうまくいく
自分は偉いんだぞと言うより
自分以外の人間を指してあのお方は偉いんだと言った方が日本人には信用されやすいわ
そして権威に祭り上げた人間を利用するのか
明治維新の時もそうだった
大久保利通などの明治の元勲と呼ばれる連中は自分たちは本気で崇拝してもいない十六歳の明治天皇を現人神と祭り上げ国民を支配するのに利用した

それ以後日本を実際に支配したのは財閥と軍部だが
軍部は天皇の股肱《ここう》の臣
すなわち天皇の手足として働く忠実な臣と称し
軍人以外の者に対しては天皇の権力を笠にきて横暴の限りを尽くした
財閥はその軍部と協力して力を伸ばした
天皇はかつがれ利用されるだけの存在だったんじゃ
武家政権時代と同じだね
かついで利用する人間にとって天皇は何と便利な存在だったことか
彼らを見たまえ
あの若さですでに他人の権威を笠にきることのうま味を知ってしまっている
これが天皇制の持つ害毒の一つなのだ

彼らをここに連れてきてくれたまえ
えええっ 彼らをここに！
どうしてですか！
彼らに教えてやることがあるんだ
わかりました
君たちに聞きたいことがあるんだが
何だ？
君たちは「君が代」って本来どんな意味なのか知っているのかい？
「君が代」の本来の意味？

「君が代」は『古今和歌集』に載ったのが最初で……
その後いろいろな形で使われて……
うぅぅ
へえ……
知らなかった……
だからもともと天皇を賛美するものではない「君が代」を国歌として否定することは天皇の冒瀆にはならないだろう
それは
そう言われれば……
君たち岡原理事長と会ってみないか
なに
理事長と…
あなたたちに教えることがあるって
やあ
よく来てくれたな
われわれに教えることって何ですか
ごまかしはきかないぞ

「君が代」が本来はどんな意味のものか彼らに聞いただろう
そんなもとの意味なんかどうでもいい
「君が代」は天皇陛下の御代の長からんことを願う歌だ
そうだ神聖な歌なんだ
そうか
それでは「天皇の御代」とはどんなものか見せてやろう
明治・大正・昭和を通じて天皇は大元帥として日本軍を統帥した
柳条湖事件
石原莞爾《いしはらかんじ》
軍部は軍を支配する統帥権は天皇だけが持つから
軍は政府・内閣に対しても責任を負わないと主張し
柳条湖《りゅうじょうこ》事件をきっかけに満州事変を引き起こした

柳条湖事件●満州事変の引き金となった謀略事件。関東軍は高級参謀板垣征四郎、作戦主任参謀石原莞爾を中心に一九二九年頃から満州（中国東北部）の武力占領を画策していたが、三一年九月一八日夜一〇時半、奉天付近の柳条湖で満鉄の線路を爆破。関東軍は中国軍のしわざと偽って、北大営を攻撃し奉天を制圧したあと、四日間で南満州の要地を占領した。一〇月には政府の不拡大方針を無視して錦州爆撃を強行、日本は国際的に孤立化することとなった。

事変後
天皇は軍の行動を
ほめ称える勅語を
出したために
それ以来誰も
軍の暴走を
とめられず
牟田口廉也《むだぐちれんや》
日本は
日中十五年戦争
さらには
世界を相手にする
太平洋戦争に
突入していった
盧溝橋《ろこうきょう》事件
日本軍は
天皇の
名のもとに
アジア各国を
侵略し
アジアの民衆から
怒りと憎しみを
買った
挙げ句の果てに
負けるはずのない
現人神である
天皇の軍隊が
各地で惨憺《さんたん》たる
敗北を重ね

満州事変後の勅語●まず「満州ニ於《オイ》テ事変ノ勃発スルヤ自衛ノ必要上」と述べ、満州事変は「自衛の必要上」と明言している。続けて「各地ニ蜂起セル匪《ヒ》賊《ゾク》ヲ掃蕩《ソウトウ》シ克《ヨ》ク警備ノ任ヲ完《マット》ウシ」と述べ、さらに「皇軍ノ威武《イブ》ヲ中外に宣揚セリ朕深ク其忠烈ヲ嘉《ヨミ》ス」と、関東軍将兵の行動を称える、いわばおほめの勅語を出している。

米軍の空襲で主要都市は焦土と化し
広島・長崎の原爆で日本は降伏した
日本の指導者は天皇の股肱の臣と称し天皇の権威を笠にきて愚行と暴虐の限りを尽くした
天皇の名のもとに失われた人命は日本人が三〇〇万アジア全土で二千数百万
これが日本が「天皇の御代」だったときに起こったことだ

そんな「天皇の御代」をほめ称えるために歌われた「君が代」を歌うことは天皇の名のもとに命を失った人たちを冒瀆するのはもちろん
天皇と日本人の名誉を傷つける自虐的行為なんじゃないのかね
うぅう
そ、…それは
ジロリ…
日本という国では天皇が存在する限り必ず臣と称して天皇を祭り上げ
民を支配する強力な武器として利用する人間が現れるんだね
「君が代」はその臣たちのための歌なんだ
臣が天皇を利用して民を支配するという天皇制の仕組みが日本をどんな方向に導いたか考えれば「君が代」なんか歌えないわ
天皇と臣と民の違いについてよく考えよう

「君が代」の「君」を天皇と言いくるめるのはなぜか

歴史的に見れば、ただの祝い歌にすぎない「君が代」。だが、現代に天皇制を引き継ぐには、鰯の頭（君が代）が必要だったのだ。

「日の丸・君が代法案」はこうして作られた

一九九九年八月九日、「君が代」を国歌、「日の丸」を国旗とすることが法律で決まった。

それも、第一四五国会の会期末の六月一一日になって「国旗及び国歌に関する法律案」を閣議決定、同日国会に提出。さらに六月一七日の衆議院本会議で、国会の会期を八月一三日まで五七日間延長することを強引に決め、同法案を七月二二日衆院本会議で成立させ、ついで八月九日参院本会議で成立に持っていき、八月一三日に公布、即日施行、という具合に、あれよあれよという間に決めてしまった。

法案は「国旗及び国歌に関する法律案」と中立的な名前を持っているが、実質、「日の丸」と「君が代」を国旗・国歌にするための法案であるので、ここでは「日の丸・君が代法案」と呼ぶことにする。この「日の丸・君が代法案」が制定される過程に、現代の天皇制の持っている問題点が露骨に表れているので、その過程を振り返ってみることにしよう。

【以下の内容は、国会図書館の管理する、インターネットの国会会議録検索システム（http://kokkai.ndl.go.jp/）から引いた国会議事録によるものである。各委員の発言は、そのままでは冗長でまとまりがないので要約したが、中には、その場の雰囲気を出すために、要約せずそのまま記載した箇所もある。また、日本語の話し言葉の特徴として、主語や目的語などが明確でない場合は、前後の脈絡から私の判断で付け加えた。なお、議事録には自殺した校長の実名が出てくるが、本書の場合、その実名を記載するのは適当ではないと思うので、すべて〈校長〉あるいは〈自殺した校長〉と記すことにした。

本書では紙数の関係から、会議録のほんの一部しか紹介できなかったが、この問題に関していかに愚劣で程度の低い議論が国会でなされたかよく知ってもらいたいので、読者諸君に会議録を詳細に読むことを勧めたい。

まず、最初に広島から端を発したいきさつについては、前記ホームページから検索のページに行き、「検索語」の欄に「国旗　国歌　広島」とそれぞれの単語の間にスペースを入れて記入し、検索をする。

さらに、「日の丸・君が代法案」制定の経過の議事録は、同じ「検索語」の欄に、「国旗　国歌　制定」とやはり各語の間にスペースを入れて検索する。

ともにかなりの数の議事録が出てくるが、その中から第一四五国会の三月一日以降のものを読んでいくとよい。なお、その際使用するブラウザーのＪａｖａはｏｎにしておかないと検索できないので注意が必要。】

発端は、広島県立世羅高校の校長が二月二八日に自殺をしたことにある。自殺の原因は、新聞あるいは政府筋によれば、県教育委員会が卒業式に「日の丸」を掲揚し「君が代」を斉唱するよう全県下に指導を出したのだが、世羅高校では教職員組合が反対したために、教育委員会と教職員組合の板挟みになった校長が精神的に追いつめられての結果、と伝えられた。

それに対して、三月一日の参院予算委員会で民主党・新緑風会の石田美栄議員がその件を取り上げ、「こうなるまでに文部省はどういう対処をしてきたのか。これからどう対処していくのか」と質問したのが「日の丸・君が代法案」制定の口火を切ることになった。

それに続いて、三月三日の参院予算委員会で自由民主党の矢野哲朗議員が「校長は自殺する三日前から教職員組合や部落解放同盟から計五回にわたって団体交渉を受けた、そして本人は、もう大変しんどいんだ、だめだ、とこういうふうな発言まで残して自殺に追いやられた」と発言し、問題を部落解放同盟との関わりにまで拡大した。

三月五日になると、参院予算委員会で自由民主党の亀井郁夫議員が、広島の教育現場はひどく荒れていると言って、「広島県の教育委員会は、文部省の是正指導もあって、今年は大変強い姿勢で校長たちを指導している。このため、現場では、国旗・国歌に反対する教職員組合とこれを背後から支えている解放同盟の子弟の保護者たちに校長たちが呼び出されて圧力がかけられているのが実態である。そういうことから、各校、各地区で、連日厳しい交渉が続けられてきた」と言い、さらに「広島県民のほとんどが、〈自殺した校長〉は事実上教職員組合や解放同盟の厳しい反対運動によって死に追いやられてしまったと受けとめている。文部省は、校長を死に追いやった原因はこうした団体の組織的な反対にあったと認識しているのか」と発言して、校長の自殺の原因に部落解放同盟が大きく関わっているように強く印象づけた。

校長を殺したのは文部省だ

そして、三月一〇日の参院予算委員会では、自由民主党の矢野哲朗議員の要請で、広島県高等学校校長協会会長の岸元學が参考人として出席し、「広島県高等学校教職員組合、広島県教職員組合、広島県同和教育研究協議会、広島県高等学校同和教育推進協議会、そして部落解放同盟広島県連合会、の五者で作った五者協が国歌斉唱の実施をいかに止めるかという戦略を練った」「(二月一一日に、福山地区の校長一八名が)部落解放同盟広島県連、高等学校教職員組合など約一〇〇人に及ぶ人たちからいわゆる大衆団交を受けるにいたった」「さらに、国歌斉唱を予定している個々の学校にも卒業式が近づくにつれて部落解放同盟広島県連の人間が来て、我々の子供たちを当日欠席させるぞとか、卒業式途中で退席させるぞとか言い、そうやって退席すればこの子が部落の子であるということがはっきり明確になってしまう、そのことによって新たな差別事件が起きたら許さぬぞ、こういった国歌斉唱実施を妨害する行為があった」「(広島県では昭和六〇年に当時のさまざまな教育課題を解決するために、広島県知事、広島県議会議長、広島県教育長、部落解放同盟広島県連合会、広島県高等学校教職員組合、広島県教職員組合、広島県同和教育研究協議会、広島県高等学校同和教育推進協議会、以上の八者で学校の教育の安定と充実を図るために合意がなされた。その合意文書の中に『差別事件の解決に当たっては、関係団体とも連携し』という一節があるが)この『連携』という言葉が拡大解釈、ひとり歩きし、今回の卒業式の持ち方についてまでも部落解放同盟に介入を許すという結果を招いたのではないか、と私は受けとめている。部落解放同盟広島県連合会は、もう少し節度というものを考えていただきたいと願っている」などと発言し、校長自殺の原因の多くの部分は部落解放同盟の圧力にあるように言った。

この一〇日の予算委員会は異様で、その後、矢野哲朗議員の質問に対して、事件の起こった地域を選挙区とする宮澤喜一大蔵大臣が、「(部落解放同盟によって)たくさんの人がいわばリンチに遭い、職を失い、あるいは失望して公職をやめる、それは無限にある」「自分が何十年も解決できなかった問題について国会が取り上げてくれたことに本当に勇気を感じるし、また自分として今まで果たし得なかったことに渾身の努力を尽くしたいと思っている」と言って、部落解放同盟がすべての元凶であるかのようにきめつけ、それに対して、有馬朗人文部大臣は「同和教育ということと政治運動や社会運動との関係は明確に分けていかなければならないと思っている」と言い、さらに、矢野哲朗議員が、岸元の言葉を受けて「(部落解放同盟との)お互いに協調してやっていこうという取り決めが、(部落解放同盟の教育現場への)介入まで(拡大)しているという発言を聞いた上で(文部省は)どう処するのか」と挑発するのに対して、文部大臣は「既に学習指導要領でもって文部省が行っている国旗・国歌の掲揚あるいは斉唱にまで意見をし干渉することに対しては、断固として排除しなければならない」とまで言うのである。

さらに、矢野哲朗議員は、「〈自殺した校長〉の最後の走り書きを披露させていただきます。『何が正しいのかわからない 管理能力はないことかも知れないが、自分の選ぶ道がどこにもない』という走り書きを書き残して〈校長〉は自殺の道を選ばれました。一連の大変痛々しい広島県の教育現場の御披露があったと思います」と言って、死んだ校長を自分たちの側の犠牲者として利用して、感情的に煽る。そして、その校長を殺したのは、教職員組合と部落解放同盟、特に、部落解放同盟の介入が最大の原因である、と部落解放同盟に対する敵意を煽る。

一体これが、仮にも文明国とされている国の国会で交わされる論議であろうか。これは、典型的な、悪質かつ稚拙な煽動ではないか。矢野哲朗議員らは既に差別の対象になっている部落解放同盟の人々が、教育に介入し校長を死に追いやったとして、人々に部落解放同盟に対する差別感情と敵意をさらに煽り、文部大臣に、「断固として排除しなければならない」と言わせるのに成功しているのである。これはユダヤ人に対する差別を煽りたて、国民を戦争に駆りたてていったヒトラーのやり方と変わらない。

校長は、県教育委員会と、教職員組合、解放同盟との間の板挟みになって苦しんだ。どうして、そこまで苦しんだのか。それは、亀井郁夫議員が言っているように「広島県の教育委員会は、文部省の是正指導もあって、今年は大変強い姿勢で校長たちを指導」したからである。教育委員会が例年通りの指導をしていれば校長は死なずにすんだのだ。ところがその年は、文部省の指導で、校長は何が何でも卒業式で「日の丸」を掲揚し「君が代」を斉唱するように教育委員会から「強い姿勢で指導」された。教育委員会から校長が「強い姿勢で指導」を受けるということは、実質的に「強制的な命令」を受けるということに他ならない。「強制」を「強い姿勢」、「命令」を「指導」などと曖昧《あいまい》な言葉でごまかすのが日本の支配層の常套《じょうとう》手段である。教職員組合も解放同盟も学校の対応が例年通りであれば、そんなに強い抗議行動はとらなかっただろう。ところが、この年になって突然「大変強い姿勢」を取ってこられては、抗議するなと言う方が無理だろう。抗議しなければ、「日の丸」「君が代」を尊重する方向に持っていかれる。さらに、その先には、「天皇崇拝強制」が見えているのである。

仕掛けたのは文部省であり、教育委員会である。それまで、教職員組合、解放同盟などと、長い年月をかけて作り上げてきた取り決めを一方的に破って、「日の丸」掲揚・「君が代」斉唱を強制するように迫ってきた。それも、文部省も教育委員会も表だって命令せず、弱い立場の現場の校長たちに「指導」という形の「命令」を与えて事に当たらせた。文部省は現場の校長たちを自分たちの楯に使って目的を達成しようとした。楯に使われ犠牲になったのが、自殺した校長である。校長が文部省の「強い姿勢での指導」によって殺されたことは明白であろう。校長は、矢野哲朗議員らが影響力を持つ文部省によって殺されたのである。

ところが、殺した側の矢野哲朗議員らは逆に、校長自殺の責任を、教職員組合と部落解放同盟におしつけ、その校長の死をも自分たちが「日の丸・君が代法案」を成立させるのに利用した。これを悪辣《あくらつ》にして醜悪、と言わずしてなんと言おう。

宮澤喜一の言葉に、日本の支配層の無責任さと冷酷さが露骨に表れている。自分が四〇年にわたって選ばれている選挙区で部落差別がいまだになくならないことを、その地域選出の国会議員であれば恥じるのが当然なのに、逆に、矢野哲朗議員が部落解放同盟に対して悪意に満ちた攻撃を仕掛けたことを「感謝する」と言う。こんな男が、かつて我々の国の首相だったのである。

露骨な思想弾圧が始まった

この三月一〇日の予算委員会で、「日の丸・君が代法案」推進派をいくらかでも締めつけていた良識のたがが外れると、推進派は一気呵成《かせい》に、六月一一日に「日の丸・君が代法案」を閣議決定し、七月二二日に衆院本会議で圧倒的賛成多数で可決し、その時点で事実上法案を成立させてしまった。発端となった校長自殺から五か月も経っていない。

では、「日の丸・君が代法案」が成立すると一体どうなるか。

三月一〇日の参院予算委員会で、岸元學は校長協会会長として「教職員を説得する材料として、自分たち校長の方から教育委員会へ職務命令を出してもらえないかという気持ちがあった。そして、その効力は結構あったと私は受けとめている」と言っている。言うことを聞かない教職員たちを法律で締めつけてくれ、と言うのである。「日の丸・君が代法案」推進派はその要請に応えた。

法案が衆院を通過した後、八月二日参院の「国旗及び国歌に関する特別委員会」で、自由民主党の亀井郁夫は「国旗・国歌の法制化によって、これまで広島県の教育の現場で繰り返されていた日の丸が国旗か国旗でないか、また君が代が国歌であるかないかという不毛の議論は繰り返さなくてよくなるわけで、一歩前進ということになる」と言った。

そして、同じ委員会で、共産党の林紀子議員が、「滋賀県では、日の丸・君が代を子供たちに指導することに疑問の声を上げた教師に校長が、矛盾を感じているなら公務員をやめろ、と言った。これは公然たる思想差別ではないか」と質問したのに対して、文部省教育助成局長・矢野重典は、「教員が国旗・国歌の指導のような、法令に従って適正に課された職務について、思想、信条を理由としてこれを拒否することまでは保障されていない」と答弁した。亀井郁夫と矢野重典は、法律ができたからには、教職員組合も部落解放同盟も、「日の丸」掲揚・「君が代」斉唱に反対させない、思想・信条の自由も通用しない、と言っているのである。

そして、八月六日の「国旗及び国歌に関する特別委員会」では、共産党の阿部幸代議員の「法律を作ることで、『日の丸』『君が代』をめぐっての対立が解消するのか」という質問に対して、野中広務官房長官が「法律的根拠を持つことで、今まで法律的根拠がないということで激しかった論争が解決する」と答弁した。対立を解消するのではなく、法律ができた以上、「日の丸」「君が代」に対する論争は許さない、すなわち、「日の丸」掲揚・「君が代」斉唱は拒否できない、ということなのだ。

六月二九日衆院本会議で、小渕総理大臣は「政府といたしましては、法制化に当たり、国旗の掲揚等に関し義務づけを行うことは考えておらず、したがって、現行の運用に変更が生ずることにはならないと考えております」と明言しているのにもかかわらず、七月二二日に衆院を法案が通過してしまうと、たちまち、矢野重典、野中広務が、現場では結果的に義務づける、と言い出すのである。

八月一三日同法案制定に際しての小渕総理大臣の談話の中にも「今回の法制化は、国旗と国歌に関し、国民の皆様方に新たに義務を課すものではありませんが」という文言がある。しかし、その文言はあくまでも建て前で、先の矢野重典、野中広務の言葉こそが彼らの本音なのであろう。実際、法案制定以来、ほとんどの公立の小中学校で「日の丸」掲揚・「君が代」斉唱が行われるようになった。

さらに、先の八月六日の特別委員会で阿部幸代議員が「『日の丸』『君が代』が侵略戦争の旗印であり、国民主権に反するから国旗・国歌として掲揚し斉唱することに反対だという教員たちの考えが法制化によって変わると思うのか」と質問したのに対し、野中広務は簡単明瞭に、「変えていただかなくてはならないと思っております」と答えた。

この野中の答弁は聞き捨てならない。

まず第一に露骨な思想弾圧であることだ。法制化したからには、「『日の丸』『君が代』が戦前において侵略戦争の旗印であったという考えを変えろ」というのは、法律を武器に、権力が個人の心にまで支配を及ぼし、個人の思想、信条までも権力の望む方向に変えさせることである。第二に、「日の丸」「君が代」が侵略戦争の旗印であった過去の歴史を改竄、隠蔽《いんぺい》する行為である。

この「日の丸・君が代法案」成立の過程で、成立推進派が言い続けたのは、「国旗と国歌は、どこの国でも尊重されているから、わが国でも尊重するのが当然である」ということだった。

「日の丸・君が代法案」推進派のごまかしはここにある。「日の丸・君が代法案」に反対する側は、「日の丸」と「君が代」に反対しているのであって、国旗と国歌の存在そのものに反対しているわけではない。国旗と国歌が、「日の丸」と「君が代」でなかったら、反対する理由がない。「日の丸」と「君が代」に反対するのは、それが、アジアを侵略し、日本とアジア各国に多くの犠牲者を出し、挙げ句の果てに日本を破滅させた第二次大戦に日本を導いた戦前の「皇国史観」につながるものだからである。

なぜ「君が代」「日の丸」にこだわるのか

「日の丸・君が代法案」推進派が言うように、国と国民の主体性を明らかにするのに国旗と国歌が必要であるとして、ではそれがどうして「日の丸」と「君が代」でなければならないのか。彼らが「日の丸」「君が代」にこだわるのは、まず第一に日本を昔の天皇主権の社会に戻したいという強い願望があるからだ。それは、「君が代」の内容について問われた小渕総理大臣が「国歌君が代の『君』は天皇のことを指している」と言い切ったところに明らかである。

ところが、漫画にも書いたとおり、歌としての「君が代」は、本来、何かの折りに（天皇以外の）誰かの長寿を祝い願うために歌ったもので、大まかに言えば昨今の誕生日に歌われる「ハッピー　バースデイ　トゥ　ユー」の歌のようなものだった。それが、近世になると、将軍家で正月に歌われ、果ては庶民が宴会のお開きに歌ったりするようになったのであって、天皇とは全く無縁のものとして流布していたのである。「君が代」はそのように、天皇を敬う歌でも何でもないただの祝い歌なのに、明治以降、「君が代」の「君」を天皇のことと錯覚して、ありがたがってきただけのことなのだ。逆に、「君が代」の「君」は絶対に天皇ではあり得ない。なぜなら、「君が代」が初めて登場した頃も、それ以降も、天皇は「君」ではなく「大君（おおきみ）」と呼ばれていたからである。本心から天皇を崇拝している人間なら「君が代」の「君」を天皇のことだと言ったり、ましてや、ただの祝い歌を、天皇の御代の弥栄（いやさか、と読む。いよいよ栄えること、を意味する）を祈る歌だなどと言う者がいたら、天皇に対して無礼だと言って怒らなければならない。
「日の丸」も、もともとは、日本の船であることの目印に船に掲げたものであって、天皇家とは何のゆかりもない。

国民は訳もわからないまま恐れかしこまって、卒業式や大相撲の千秋楽に、天皇の弥栄を祈るといって、誰のためともわからないが少なくとも天皇のためのものではないことだけは明らかな「ハッピーバースデイ　トゥ　ユー」を歌ったり、天皇とは何の関係もない、ただの船の目印だった「日の丸」を恭《うやうや》しく掲げたりしているわけで、何ともとんちんかんなことだ。天皇にしてみれば、えらい迷惑な話ではないか。

鰯《いわし》の頭も信心から、とはよく言ったもので、天皇家の歴史を振り返ってみればもともと少しも貴くもありがたくもない、鰯の頭のような「日の丸」と「君が代」をありがたがってきたところに、近代天皇制が明治になって生まれた新興宗教の一種であることが表れている。十六歳の天皇に鰯の頭を持たせ、「現人神」という貸衣装を着せることから、明治以降の近代天皇制が始まったのだ。

小渕総理大臣も、「君が代」の「君」が本来天皇のことを指すものではないことを知っていて、国会の答弁でもその点に言及しているが、敢えて「君が代」の「君」は天皇のことであると言ったのは、明治以降の近代天皇制を引き継ぎたいという願望によるものでしかない。近代天皇制を引き継ぐには鰯の頭を引き継がなければならないからである。

天皇批判を封じる強力な武器

「日の丸・君が代法案」推進派が「日の丸」と「君が代」に固執するのは、もう一つの理由がある。
「日の丸」「君が代」を戦前同様に維持することで、戦前の日本を礼賛し、必然的に敗戦前の日本の行動を正当化し、結果として大東亜戦争が侵略戦争であったという事実を否定したいという願望が強いからである。一九九三年に当時の細川総理大臣が「第二次大戦は侵略戦争だった」と表明したときに、猛烈に反発してその発言を曲げさせた勢力と、「日の丸・君が代法案」推進派とは、重なりあう。このように、「日の丸・君が代法案」は、現在、そしてこれから先の日本を、戦前の日本につなぐ役目を果たす。「日の丸・君が代法案」は単に、国旗と国歌にかかわるだけの法律ではない。先に記した、矢野や野中の言葉に明らかなように、教育の現場では法律を楯にとった文部省の「指導」すなわち「命令」に従わざるを得なくなる。「日の丸・君が代法案」は文部省が教育の現場を支配するのに役立つ強力な武器なのである。

戦前、支配層は天皇をかつぎ、天皇の権威を利用して国民を支配した。その際に、力を発揮したのは一八八〇年（明治十三年）に制定された「不敬罪」という法律だった。その内容は皇室の尊厳を害する一切の行為を罰するというもので、皇室の尊厳を損なうことを公然と文書に書いたりすればもちろん、自分の日記にこっそり書いたことでも、それがばれればやはり罰されたのである。不敬罪ができるまでは、人々はかなりおおっぴらに天皇に対する批判や冗談なども言えたが、不敬罪ができてからは、人々は罰則を恐れて天皇を批判することはもちろん、話の種にすることも憚《はばか》るようになり、天皇神聖化が一気に進んだのである。

「日の丸・君が代法案」がその「不敬罪」に匹敵するとまでは言わないが、この「日の丸・君が代法案」によって教師たちが、「日の丸」「君が代」批判を封じられることは、明治初期の人々が「不敬罪」によって天皇に対する批判を封じられたことに似かよっている。「日の丸・君が代法案」以後の公立学校の教師たちは、文部省を牛耳る支配層によって、天皇の権威を利用した法律で抑えつけられるのである。戦前と同じ構造が、学校では「日の丸・君が代法案」によって復元されたことになる。

事は教師だけの問題ではない。事あるごとに、「日の丸」を掲揚し「日の丸」に敬礼し、恭しく「君が代」を歌うことを子供の頃から叩きこむ。それが「日の丸・君が代法案」推進派の狙いであって、それがうまくいけば、天皇崇拝、「皇国史観」復活まではもう一息である。

現実に、八月九日、「日の丸・君が代法案」が参院で可決されることが決まっている日に茶番的に行われた、参院の「国旗及び国歌に関する特別委員会」で、政府側公述人の埼玉大学教授・長谷川三千子は、

「君が代には明治維新に当たって明治天皇が出した五箇条の御誓文に含まれる近代日本の天皇を中心とする政治の思想がはっきりとうたわれている」

「幕末の明治維新の精神的な支えになった水戸学の本の中に『千代に八千代に』ということが何を意味するのか非常に簡潔に出ている。それは、『蓋《けだ》し蒼《そう》生安寧《せいあんねい》、是を以て宝祚《ほうそ》窮《きわま》りなく、宝祚窮りなし是を以て国体尊厳なり。国体尊厳なり是を以て蛮夷《ばんい》・戎《じゅう》狄《てき》率服《そっぷく》す。四者循環して一の如く各々相須つて美を済す』、これは要するに、国の政治の大目的は国民の安寧である、そういう大目的のゆえにこそ皇室の無窮ということがあり、国体の尊厳ということがあるということである」

などと、戦前の「皇国史観」狂信者顔負けの、理性のかけらもない戯言《ざれごと》を勝ち誇って言ったのである。

これは、「日の丸・君が代法案」推進派の勝利宣言を代行したものであるし、彼らの本心がどこにあるか、明確に我々に示したものである。

彼らは、法案成立のために、煽動、ごまかし、あらゆる手段を使った。結果として、教職員ひいては我々国民を、天皇の権威を利用して縛りつける「日の丸・君が代法案」という武器を手に入れた。

読者諸君に問いたい。諸君は、こういうことが我々の目の前で公然と行われたのに、「日の丸・君が代法案」など大した問題ではない、と甘く考えてはいなかったか。

甘く見てはいけない。彼らは本気で日本を天皇中心の社会に戻そうとしているのだ。

天皇制がある限り、天皇を利用しようとする勢力が、また同じようなことを企むだろう。象徴天皇制というと一見無害なようだが、支配する側にとっては「日の丸・君が代法案」のように、役に立つ武器を与えてくれる制度なのである。ここに、現代の天皇制の持つ問題が表れているのだ。

小渕総理大臣は三月一〇日の予算委員会で「二一世紀を前にして一つの方向性を定むべきものと考える」と言った。まさに小渕総理大臣は、我々日本人が、過去の負の遺産を背負って生きる方向性を定めてくれたのである。なんという方向性であることか。

しかし、悲観して、諦めることはない。法律であるからには変えることができる。そして、変えるための努力をしない限り、我々は、ずるずると、彼らの望む方向へ、戦前と同じ天皇中心の暗黒の時代へ連れていかれるのだ。

第5章

象徴天皇制

昭和天皇とマッカーサー元帥の会見写真（1945年9月27日）。

カフェサロン
カフェ
今度のことでは お前たちに 何一つ力に なってやれず 本当に 申し訳ない
監督さんの せいじゃ ありません 気にしないで ください……
みんな 北上先輩と その 取り巻きの したことです
お前たちが いなくなったために わが東塔大学 サッカー部の 戦力は大幅に 失われた上に
部員全体の 雰囲気が 非常に悪くなり 士気も低下した
私としては お前たちに 戻ってきて ほしい

それは無理ですよ
僕は追放されたんですから
そのことだが怒らんで聞いてくれ
お前たちが北上先輩に会って詫びを入れてくれれば
復部を認めようとサッカー部総会で幹部が言ってるんだ
ええっ!
おれが北上先輩に詫びを入れるですって!
まあ!
仁が除名処分になったのは君が代と日の丸に敬意を表さなかったことと
部内にそれまであった旧日本軍のような上下関係を廃止したからよ

詫びを入れるということはそれを全部ひっくり返すことだわ
君が代・日の丸に敬意を表し上下関係を厳しくするのね
そんなことできませんよ
監督さんお気持ちはわかります
でもいくらサッカーをしたいからといって自分の誇りと魂を売るようなことはできません
そうだろうなすまなかったなこんなことをお前たちに言って
でもどうして北上先輩に詫びを入れるんですか
北上先輩がサッカー部の象徴！
それは北上先輩はサッカー部の象徴だからだ
北上先輩に詫びを入れればサッカー部総会の理事全員に詫びを入れたことになる
あんな人間がサッカー部の象徴だって！

わがサッカー部では北上先輩を頂点とした上下関係ができあがってしまっている
北上先輩は東塔大学サッカー部の象徴とされてしまっているんだ
それが仁のいちばん嫌っていることだわ
その訳のわからない上下関係がどれだけサッカー部をだめにしてきたか
おれはサッカーをしたい
そのためにも他の先輩たちが北上先輩をかついで作り上げた
このおかしな体制をひっくり返さなければ
仁のアパート
北上先輩は東塔大学サッカー部の象徴か
象徴っていったいどういうこと？

たとえば十字架はキリスト教の象徴だと言うよね
その場合十字架という具体的な物の形にキリスト教全体のイメージが凝縮されキリスト教全体の意味を表しているんだ
刀は武士の象徴と言えば刀という具体的な物である武器が戦う集団である武士というものの意味を表していることになるわね
簡単に言えば具体的な物であるAがそれより大きな概念であるBの全体の意味を凝縮してそれを外面に表すとき
AはBの象徴ということになるんだ
象徴は具体的な物であることが必要なんだな
じゃ生身の人間である北上先輩が生身の人間の集団である東塔大学サッカー部の象徴だなんておかしいじゃないの

まったくだ 一人の生身の人間の中にたとえ小なりといえどもサッカー部という集団全体のイメージが凝縮され
しかもその人間がわれわれ部員個々人全体を表すなんてことはありえないよ
今 気がついたけど日本国憲法の第一条はおかしいぞ
おい
憲法 第一条?
ええと
待て待て
六法全書
「天皇は、日本国の象徴であり日本国民統合の象徴であつて、この地位は、主権の存する日本国民の総意に基く」
パラリ
天皇は生身の人間だ
それが日本国とか日本国民統合とかそんな象徴的なものの意味を全体的に表すなんておかしいじゃないか

だいたい この条文は 何から何まで おかしいんだ
「天皇は、日本国の 象徴であり」 とあるけれど 「日本国」って 何なんだ
われわれが 住んでいる この国だよな
この国を 天皇が象徴する と言うからには この国のあり方と 天皇が どう関わっているか はっきりさせないとね
明治憲法は その第一条で 「大日本帝国ハ 万世一系ノ天皇 之ヲ統治ス」 と規定して いたわよね
それなら 日本国は 天皇のもの であるとはっきり しているわ
現行の憲法の 前文には こう書かれている
「日本国民は、 正当に選挙された 国会における 代表者を通じて 行動し、」

日本国は天皇のものではなく国民に主権がありその国民によって選ばれた国会議員を通じて行動するのが日本国のあり方というわけね
国民
主権
衆議院
参議院
国会議員
前文ではさらに続けて「国政は、国民の厳粛な信託によるものであつて、その権威は国民に由来し、その権力は国民の代表者がこれを行使し、その福利は国民がこれを享受する」と言っている
要するにこの国はわれわれ国民が作り動かし権威も権力もわれわれ国民のものなんだ
このわれわれの国を生身の人間である天皇に象徴してもらわなければならない理由はどこにもない
ほんとだよ
どうして天皇をわれわれの国の象徴として必要とするのかまったく理解できないね
天皇をわれわれで選ぶことができるならまだしもだけど
天皇選挙
それは無理だね

憲法の第二条には「皇位は、世襲のものであつて、国会の議決した皇室典範の定めるところにより、これを継承する」と書いてあるよ
天皇になれるのは天皇家に生まれた者だけなんだ
そんなのおかしいわよ
憲法には日本国民は全部平等だと規定されているんじゃなかったの
第一四条の第一項には
「すべて国民は、法の下に平等であつて、人種、信条、性別、社会的身分又は門地により、政治的、経済的又は社会的関係において、差別されない」とある
それじゃ第二条は第一四条と矛盾しているじゃないの
天皇家の人間しか天皇になれないのは「社会的身分又は門地により、政治的、経済的又は社会的関係において、差別されない」
という条文に反しているわ

皇室典範●皇位継承の細則や摂政《せっしょう》の就任原因・順位、皇族の範囲、特権などを定めた法律。この法律では、皇位継承の資格を皇統に属する男系男子に限定している。また継承順位としては直系主義、長系主義を原則とし、皇位の継承原因は天皇の死亡に限っている。したがって、皇位の生前退位は認められていないことになる。

天皇と一般国民●天皇については、陛下という敬称や陵墓などの特権が認められている反面、養子の禁止・皇室会議を経ての婚姻などの制限がある。その他、次のような点で一般国民とは区別されている。①苗字をもたず、十八歳が成年である。②戸籍がなく、選挙権も実定法上認められていない。③皇室費用は予算に計上され、国家が負担する。

国民主権
なんだから
われわれ
自分たちで
この国を統合
するんだろう
天皇が
統合する
わけじゃない
われわれ自身で
行う統合を
天皇で象徴
させるのは
理屈に
合わないよ
おれも
まさに
その通り
だと思う
ところが
天皇主義者
たちは
この天皇が
「日本国民統合の象徴」
であるという
条文を敷衍《ふえん》して
「日本は天皇が中心にいる
からまとまっているのだ」
とか
「天皇がいなかったら
日本はバラバラに
なってしまう」
などと言うよね
世界には
天皇や君主が
いなくても
よくまとまっている
国がたくさん
あるじゃないの
それなのに
天皇がいないと
日本はまとまらない
なんて
日本人は
特殊な国民だ
と言うの

君主制の国●君主制といっても、絶対的な権力を持つ国王が統治するサウジアラビアのような国もあれば、世襲される君主の権力が憲法によって規制されている「立憲君主制」の国もある。『世界国勢図会』（二〇〇〇年版）によれば、立憲君主制をとっているのはアジアでタイ、カンボジア、ネパール、マレーシア、ヨルダンなど六か国。アフリカでモロッコなど三か国。ヨーロッパでイギリス、オランダ、ノルウェー、スウェーデン、デンマーク、ベルギー、スペインなど一一か国。南北アメリカでカナダ、ジャマイカ、バハマなど一〇か国。オセアニアでオーストラリア、ニュージーランドなど七か国である。

何千年も前のまだ人類が未開だった頃には酋長《しゅうちょう》とか呪術師を中心に部族がまとまっていたんだよね
生身の人間を中心にまとまるなんて日本人は未開時代に逆戻りじゃないか
この第一条はどう考えても何かをごまかすために作られた条文だと思うな
そうでなければ「象徴」とか「日本国民統合の」とかいい加減な言葉をこんなに不用意に用いるはずがない
ごまかすって何を？
日本人の目だよ
日本人の歴史をきちんと見つめようとする目をごまかすための条文なんだ
日本人の歴史をきちんと見つめようとする目をごまかすための条文！

岡原理事長の
言葉を
思い出してくれ
天皇が本格的に
権力を握ったのは
中大兄皇子《なかのおおえのおうじ》による
大化改新以後のことで
それから六〇年以上も
経ってから
『古事記』『日本書紀』が
編纂《へんさん》され
天皇の権威付けのために
天皇が神の子孫である
という天孫降臨《てんそんこうりん》神話が
作られた
しかし
天皇が実際に政治を
支配した期間は短く
藤原氏の摂関政治
を経て武家政権に
実権が移ってからは
天皇は単に
武家政権に権威を
与えるだけの存在に
なってしまった
織田信長
豊臣秀吉
藤原道長

摂関政治●平安時代中期、藤原氏が摂政・関白に任命され、その下で行われた政治形態を指す。九六七年冷泉《れいぜい》天皇即位で摂政・関白が常置されるようになってから、後三条天皇の院政が開始される頃までの、約一〇〇年間をいう。摂政は天皇の幼少時に置かれ、関白は成人した天皇を補佐する形だったが、実質上は両者に違いは見られない。全盛期は藤原道長・頼通の一一世紀前半。その権力の源泉は天皇との外戚関係にあったが、外戚関係のない後三条天皇の即位で実権を失った。

源頼朝以来
征夷大将軍という
称号を手にした
者が武力で
日本を支配する
正当性を持つと
されたのね
明治になるまで
天皇と関わりが
あるのは
武家政権の
上層部だけで
一般大衆にとって
主君と言えば
自分たちの藩の
藩主でしか
なかったのよね
でも
そんな天皇の存在は
武士たちの間だけで
意味のあることで
一般大衆にはまったく
無縁だったんだよな
徳川家康は
一六一五年に
「禁中並公家《きんちゅうならびにくげ》
諸法度《しょはっと》」を
出している
その中身は
天皇や公家にあれこれ決まりを作って
押しつけるもので
たとえば天皇は芸能・学問を第一にしろとか
摂政家の者でも能力のない者は
摂政の役に就けるなとか
改元《かいげん》は決められたとおりにしろとか
あるいは公家は用もないのに外を出歩くなとか
天皇家に対する尊崇の念はこれっぱかりもない

禁中並公家諸法度

●大坂夏の陣において豊臣氏を滅ぼした徳川家康が、その直後の一六一五年七月一七日に制定した法令。将軍秀忠、前関白二条照実《てるざね》との連署による一七カ条の本文は一応公家と武家との合意という形式をとってはいるが、天皇をも法規の対象としたのは「前代未聞」(『岩淵夜話』)のことであった。こうして幕府は朝廷が政治に関与するのを防ぐ一方、朝廷内部の問題に干渉する道を開いたのである。

天皇は徳川家にとって他の大名たちに見せびらかすお飾りだったんだね
後水尾天皇
そのお飾りが勝手なことをしないように締めつけてたんだ
後水尾《ごみずのお》天皇が大徳寺《だいとくじ》の僧沢庵《たくあん》に　天皇が高僧に与える紫衣《しえ》を勝手に与えたというので幕府はその紫衣を奪い沢庵を流罪《るざい》にしたこともある
本当に天皇に対する尊敬の念なんか全然ないのね
鎌倉幕府以来すでに天皇は武家政権に称号を与えることで存在価値を認められていたにすぎなかったわけでしょう
徳川秀忠
孝明天皇
徳川家光
そのうえ徳川時代二六〇年間そんな扱いを受けていたんじゃ一般大衆が天皇の存在を知っていてもその天皇が自分たちと関わりがあるなんて考えることもできないのも当然だわ
徳川綱吉
徳川吉宗
徳川慶喜

沢庵の流罪●この事件は「紫衣《しえ》事件」と呼ばれている。幕府は、紫衣を朝廷が与える前に幕府に申請するよう法令で定めたが、朝廷はこれに従わなかった。そこで一六二七年に紫衣勅許の取り消しを伝えたが、大徳寺の沢庵らは抗議書を提出。態度を硬化した幕府によって二九年、沢庵は出羽国の上山《かみのやま》に流刑されたが、三二年に許された。その後はかえって将軍家光の帰依をうけることになった。

ほら
明治維新の時
討幕派は
天皇のことを
「玉《ぎょく》」と呼んでいた
と言っただろう
昔から天皇は
権力を握りたい
武家たちにとっての
「玉」でしかなく
一般大衆とは無縁の
存在だったんだ
その天皇の姿を
大きく変えて
しまったのが
明治維新だ
「大日本帝国ハ万世一系ノ
天皇之ヲ統治ス」
と憲法で決めてしまったから
一般大衆も
天皇の直接支配の
下に入ることに
なってしまった
しかも
一〇〇〇年以上も前に
天皇家が作った神話を
疑うことの許されない
歴史的事実に
してしまった
明治・大正・昭和と
進むにつれて
その神話が
日本人の思考から
生活のすべてを
拘束するものに
なっていって
しまいには
理性も何も失って
戦争に突入していったのよ

明治・大正・昭和の三人の天皇は天皇家の歴史のなかでもきわめて特異な存在だ
現人神《あらひとがみ》として一般大衆すべての上に直接君臨して国民一人一人に自分に忠誠を尽くすことを要求した天皇はこの三人以外にはいない
そして天皇をそんな姿に変えたことが近代日本の悲劇の元なんだ
その三代の天皇は象徴どころではなく国家そのものだったんだな
そこだよ
おれが今の憲法第一条は日本の歴史をきちんと見つめようとする日本人の目をごまかすためのものだと言うのは
天皇を現人神としたから日本はおかしくなった
そこのところをよく考え直さないと日本の近代の歴史はとらえられないし過去の過ちの克服もできない
過去の過ちを克服するただ一つの道は天皇をわれわれ一般大衆の上に戴《いただ》かないことだと思う

まさにすべての人間が平等であるためのそれが基本よね
ところが現人神を否定しておいて今度は「象徴」などと訳のわからない言葉でごまかして相変わらず天皇をわれわれの上に戴くことを今の憲法は規定している
「象徴」なんて言ったって現人神の延長でまだわれわれを圧迫するものがあるわ
「象徴」とかなんとか言って結局天皇に権威を与えてわれわれの上に戴いているうちは近代の日本の歴史をはっきり見つめることはできないということだな
いったいどうしてこんな「象徴」天皇制ができたのかしら

図書室
東塔大学
象徴天皇制がいったいどうしてできあがったのか
図書室
15
それは結局現憲法の成立過程を知ることが第一なんじゃないかな
新刊コーナー
そうよね現憲法が天皇を日本国民統合の象徴としたんだから
まずそのあたりからあたってみるか

『日本国憲法制定の由来』
憲法制定の経過に関する小委員会編　1961 年、時事通信社

『日本国憲法制定の課程　I　原文と翻訳』
高柳賢三・大友一郎・田中英夫　1972 年、有斐閣

『日本国憲法成立史』
佐藤達夫　1962 〜64 年、有斐閣

『一九四六年憲法——その拘束　その他』
江藤淳　1980 年、文藝春秋

『戦後政治史の中の天皇制』
渡辺治　1990 年、青木書店

『天皇の研究』
田中惣五郎　1974 年、三一書房

『天皇観の相剋』
武田清子　1978 年、岩波書店

数日後
結論から言うと
象徴天皇制はアメリカが作って日本に与えたものなんだ
日本が降伏したあと
連合国内部にはオーストラリアなどを中心として昭和天皇を戦犯として告発し処刑すべきだという意見があった
それに対して連合国軍最高司令官であるマッカーサーは第一に天皇を処刑したら日本人の抵抗・反発にあって日本の改革がやりにくくなること
第二に天皇を利用した方が日本の改革がやりやすいことその二つの理由から天皇を戦犯として告発せず天皇を残すことにしたのね
MEMO

オーストラリアの天皇戦犯論●天皇の戦争責任について最も厳しい態度をとっていたのは、オーストラリアとソ連だった。中でもオーストラリアは、その急先鋒だったが、その背景には、戦争中に日本軍の空襲を実際に受けたこととともに、後に東京裁判で裁判長を務めるウェッブ卿が日本軍の戦争犯罪行為および残虐行為について綿密な聞き取り調査を行い、報告書を提出していたことがある。ウェッブは四七一人の証人に当たり、日本軍による捕虜や住民に対する虐殺・暴行、拷問の実態を「近代文明社会の戦争に例を見ない犯罪」として記録した。

残すといっても天皇の権限を厳重に制限し天皇は装飾的機能のみを有することを疑いの余地のないように明白にすること
を意図して彼らが発明したのが象徴天皇制だ
現憲法はマッカーサーの指揮のもとで総司令部の民政局員二一人によってわずか一週間で作られた
しかもその二一人の中に憲法の専門家は一人もいなかったし彼らが使った参考資料は
「マッカーサーが示した憲法制定の基本方針」「アメリカ国務・陸軍・海軍三省調整委員会の指令」「ドイツ・ワイマール憲法」「フランス憲法」「アメリカ州憲法」「ソ連憲法」だけだった
専門家でもない総司令部の職員たちがわずか一週間で作った憲法をアメリカは
この草案を受け入れることがあなたたちが生き残るただ一つの道だ
などと時の日本政府幹部を脅迫して押しつけた

総司令部の民政局

●GHQ（連合国軍総司令部）の構造は、マッカーサーをトップに、参謀長、副参謀長がいて、その下に幕僚部として民政局、経済科学局、民間情報教育局、民間諜報局、天然資源局など最多の時は一三に及ぶ部局が存在した。民政局は政治や法律の非軍事化・民主化を担当した中枢で、日本国憲法の草案を起草した他にも、公職追放の審査、警察制度の改革、内務省解体、レッドパージなども担当した。

アメリカは憲法の前文と第一章の天皇条項については
一言一句草案どおりであるように厳しく監視をしたのよ
天皇が二度と政治的権力を持たないように
しかし飾りとして利用できるように
アメリカ人が考え出したのが象徴天皇制だったんだ
アメリカ人は天皇が存在しないと日本の政治はうまくいかないと考えたんだ
田中惣五郎は「古代的な専制君主の残映に頼らなければ近代の日本の政治が遂行し得ないとは情けない」と言っているけれどまさにその通りだ
アメリカ人は個としての確立もできていない
自ら主権を担うこともできない未開で遅れた民族だと考えて象徴天皇制を押しつけたんだろう
ずいぶん馬鹿にされたものね

田中惣五郎●一八九四～一九六一。新潟県生まれ。高田師範を卒業後、東京の順天中学教諭を務め、社会運動に従事。その傍ら、日本近代史の研究を始めた。史料を尊重し人間味を重視する学風で、著書には『日本ファッシズムの源流』（一九四九年）、『天皇の研究』（五一年）、『幸徳秋水』（五五年）など。

和歌森太郎は『天皇制の歴史心理』（一九七三年、弘文堂）の中で「日本人は歴史的に個々人が自信をもって独立独歩で何事も成しとげることを制約されてきたため派閥的な結びつきで物事を進めるようになった そして貴種としての天皇を上に戴いていることが他の派閥を押さえるのに力があった」という意味のことを言っているわ
貴種というのは社会階級を超えた人神としての特別の存在のことね
近衛文麿
本当だ
日本人はすぐに群れたがり親分をほしがる
その根性が直らない限り天皇制も上下関係の束縛もなくならないだろうな
いや それは逆じゃないか
日本人は歴史的にずっと束縛され続けてきたから身を守るために群れる習性が身についてしまったんじゃないのか
象徴天皇制であっても天皇がわれわれの上にいる限りわれわれは束縛から自由にならないから日本人の根性は直らないんだ

和歌森太郎●一九一五〜七七。千葉県生まれ。東京文理科大卒業後、一九五〇年東京教育大教授。日本古代史・文化史の研究に従事するとともに、民間伝承や習俗の収集に努めた。歴史学の研究成果を多くの一般書として発表し、戦後の歴史ブームを担ったひとりである。著書に『修験《しゅげん》道《どう》史研究』（四二年）、『国史に於ける共同体の研究』（四七年）など。

東塔大学
今の象徴天皇制は近代天皇制の延命した姿だ
形は変わったが日本人の心を束縛する天皇制の本質は変わらない
象徴というと無害に響くがそんなのはごまかしで近代天皇制の持っていた束縛はまだ日本人の上におよんでいるよ
同窓会会館大会議室
その実例が北上先輩と北上先輩をかつぐ他の先輩たちの姿だと思う
失礼します

ジロリ。。
どうなんだ田所監督
澄川仁 坂本治の両名は 北上大先輩に 謝罪する気持ちに なったのかね
は いえ
あの… それが
なに？ それは どういう ことだ
おれたちは 北上先輩に 謝る理由が ありません
だいたい おれたちは 北上先輩が
東塔大学 サッカー部の 象徴的存在だ なんてこと 認めません
貴様たち 何を言う
北上大先輩 に対して なんという 無礼な ことを

日本軍の組織●日本軍ではその指揮・命令を行う権限（統帥権《とうすいけん》）は天皇のみが有していたが、その補佐機関として「参謀本部」がおかれていた。当初は参謀本部の下に陸軍部と海軍部が所属する形であったが、まもなく陸軍の統帥機関が参謀本部、海軍のそれは海軍軍令部（のちに軍令部）と分かれていった。戦時におかれた統帥機関が「大本営《だいほんえい》」である。また「司令部」とは、陸軍の部隊や海軍の艦隊などの指揮機関をいう。参謀本部はしだいに発言力を強め、原敬内閣の高橋是清蔵相が「参謀本部廃止論」を唱えるなど、政府との摩擦を引きおこした。

おれたちがしたいのはサッカーです
こんな組織に属さなくてもサッカーはできます
お前たち北上大先輩に背いたら東塔大学の同窓会からも
ほかのサッカー関係の組織からも相手にされなくなるんだぞ
推薦状
社長
お前たちどこにも属するところはなくなるんだぞ
澄川坂本お前たち大人になれよ
ペコ
ペコ
北上大先輩に頭を下げればいいんだ
そうすればお前たち東塔大学サッカー部の一員として好きなサッカーもできるし卒業後も先輩たちがいろいろ世話してくださる
こんなありがたいことはないぞ
そうともこの世の中で一人で何ができると思ってるんだ
一人では何もできないかもしれませんが集団に埋没して尊敬できない指導者に引きずり回されるよりましです
上下関係の束縛で身動き取れないのなんかまっぴらです

貴様たち よくも そんなことを
この社会で 生きて いけなく なっても 知らないぞ
もう十分だ
この連中を 出しなさい
お前たち 出ろ!
はい
同窓会会館
北上先輩と それをかつぐ 他の先輩たち
まさに 天皇制の 縮図じゃ ないの
日本人が 集団を作ると 小型天皇が 生まれて
それを 取り巻き連中がかつぎ 抑圧的な 権力構造が できあがる

取り巻き連中にとってはかついで利用する人間が絶対必要なんだ
ちょっと力のある人間を周りの人間が持ち上げて余計に偉く見せて権威付けをする
そして取り巻き連中はその小型天皇に近い位置にあるということで
他の人間に権力を行使する
日本には何とか天皇と呼ばれる人が多いのはそのせいなのね
日本人の心には天皇制がしみ込んでしまっている
たとえ政治的には無力な象徴としてであっても
天皇がわれわれの上に君臨する形が残る限りわれわれ日本人の心は束縛から解き放たれることはない
天皇制から自由にならない限りわれわれ日本人の心は自由になれないんだ

現代の天皇制は本当に「無害」なのか

象徴天皇制は近代天皇制の変形であり、戦前の天皇制とつながっている。それは、容易に逆戻りできるということなのだ。

マッカーサーが作り、日本人に与えた制度

「象徴天皇制」を第一条に持つ現憲法は、マッカーサーによって与えられたもので、それも、憲法の専門家も、日本の政治や社会について知識を持つ人間も一人もいないＧＨＱの民政局の局員たちによって、わずか七日間で作られたことは、漫画に書いたとおりだ。その民政局長のホイットニーは、当時マッカーサーの副官だったフォービアン・パワーズによれば、フィリピンのマニラでは救急車を追いかける弁護士だった。交通事故が起こると、被害者に名刺を出し、「訴えれば補償金をぶん取ることができますよ」と言う弁護士だったという（青木冨貴子「『天皇・マッカーサー会見』を追って」『新潮45』一九九九年九月号）。形式論や事大主義で言うわけではないが、我々が今ありがたがっている憲法が、このような人たちによって、こんな形で作られたと知ると、体中から力が抜ける。

　ホイットニーはこうして作った「マッカーサー草案」を当時の吉田茂外務大臣、松本烝治《じょうじ》国務大臣らに与えて、「この草案を受け入れることが、あなた方が生き残るただ一つの道である」と脅迫に近いことを言って、受け入れさせた。日本側はこの「マッカーサー草案」を翻訳して日本側の草案とし、それを再び、民政局側と日本側が協力して英訳した。その過程で、民政局側は日本側の草案と「マッカーサー草案」を一つ一つの字句まで点検し、「マッカーサー草案」の内容と厳格に一致させた。

　試みに、第一条について「マッカーサー草案」と

現憲法、そしてその英訳の三つを並べてみる。

「マッカーサー草案」

Article 1. The Emperor shall be the symbol of the State and of the Unity of the People, deriving his position from the sovereign will of the People, and from no other source.

「現憲法」

第一条　天皇は、日本国の象徴であり日本国民統合の象徴であつて、この地位は、主権の存する日本国民の総意に基く。

「現憲法英訳」

Article 1. The Emperor shall be the symbol of the State and of the unity of the people, deriving his position from the will of the people with whom resides sovereign power.

　こうしてみると、「象徴天皇制」はマッカーサーによって作られ、日本人に与えられたことが生々しく理解できる。日本人のしたことといえば、「マッカーサー草案」を日本語に翻訳し、日本語らしく整えただけでしかない。

　漫画の中で、主人公たちが「象徴」という言葉をめぐって頭を悩ませる場面を描いた。実際に、この憲法改正草案が議会に提出されると、「象徴」とはどういう意味か、議会で論争が起こった。当時の憲法担当大臣の金森徳次郎は、「象徴」を「憧れの中心」と説明した。金森の言うとおりに第一条を言いかえると「天皇は、日本国の憧れの中心であり日本国民統合の憧れの中心であつて……」となる。まことに奇怪なる説明だが、天皇を「象徴」とする考えはアメリカから与えられたものだから、金森がうまく説明できるはずがない。この、憲法草案を日本に与えるに際して、マッカーサーは「日本人が自発的に作ったものである」と発表するように強要したので、金森は、「これはアメリカが作ったものだから、よくわかりません」とは言えず、こんな、奇怪な説明を作り上げたのである。

　当時、日本側でも「松本案」と言われる憲法改正案を作成していたが、その内容は明治憲法を手直しした程度で、「天皇が統治権を総攬《そうらん》する」という原則は変えなかった。日本側は、ポツダム宣言を受け入れるにあたって、天皇の終戦の詔書の中に「国体を護持し得て」とあるように「国体護持」が許されたと思っていたから、天皇が主権者である日本の「国体」を変えることは夢にも考えなかったのだ。

しかし、それでは、他の戦勝国を抑えることができない。イギリスやソ連、オーストラリアなどは、天皇を戦争犯罪人として裁くことを強硬に要求していた。アメリカ国内でも天皇を戦争犯罪人として裁くことを要求する声は強かった。一方、「日本人の精神年齢は十二歳程度」と公言するくらい日本人を低く見ていたマッカーサーは、天皇を戦争犯罪人として裁きにかけ、万が一死刑などにでもしたら、日本人は暴動を起こすだろうと本気で心配していた。占領政策を一番少ない犠牲で遂行するには、天皇を日本人から取り上げないことであると考えたのだ。

といって、旧憲法通りに天皇の主権を認めるわけにはいかず、苦肉の策として「象徴」という言葉を使って、政治的権力を持つことがない無力な形で天皇の存在を許す「象徴天皇制」を作り出したのだ。

それだけでは、他の戦勝国に対する抑えが効かないと考え、戦争放棄を定めた九条を入れたのである。装飾としての意味しかもたない形にした無力な天皇を残す代わりに、実質的な武力を根こそぎ奪い去った。「象徴天皇制」と「第九条」は今にいたるまで我々日本人にとって深刻な問題だが、その大元はアメリカが作ったのだ。

その、「象徴天皇制」ができて五〇年以上経った今、日本人は、「象徴天皇制」をどう捉えているのだろう。日本共産党の不破哲三委員長は、作家井上ひさしとの対話集『新 日本共産党宣言』（光文社）の中で、「象徴天皇制は戦前の君主絶対制度の名残りで、民主主義の時代に合わない。将来、この制度をなくす日は必ず来ると信じている」という条件つきではあるが、「天皇制をなくすかどうかは、戦前とは違って、日本の政治にとって死活の問題ではなくなってきました。国民が選挙で多数を占めれば、その多数の国民を代表する政府ができるし、天皇制はその邪魔にはならないからです」と言っている。

この意見にはうなずけない。

確かに、今ただちに天皇制を失くさなくても、日本が滅びるとか、国民が戦前のように主権を喪失した状態になる、ということにはならないだろう。そういう意味では緊急の「死活の問題」ではないかもしれない。しかし、「象徴天皇制」が日本人に与えてきた害悪を考えると、「死活の問題」ではない、などと言ってすましているわけにはいかないだろう。

最大の害悪は、「象徴天皇制」が戦前の天皇制をそのまま引きずっていることである。新憲法と同時に天皇が代替わりしたならまだしも、それまで、現人神として主権を総攬していた昭和天皇がそのまま天皇の座にとどまったのだから、形の上では何一つ変わっていないし、「天皇のお姿を見ると、ありがたくて涙がこぼれる」などという、現人神としての天皇の呪縛からも日本人は自由になりきれていない。上杉聰は『天皇制と部落差別』(三一書房)の中で、一九九〇年に長崎の植樹祭に天皇が出席した際の「朝日新聞」の記事を紹介しているが、それによると、県は近くの養豚場の臭気を消すために七二〇万円もの脱臭剤を使ったり、建物の二階以上から天皇を見下ろさないように指示したという。天皇や天皇制をまともに批判することも、いまだに禁忌とされている。これで、本当の民主主義の国と言えるだろうか。

さらに、日本国内での戦争責任の追及はほとんど行われず、逆に戦争を真摯《しんし》に反省しようとする人々はさまざまな妨害を受けてきたが、それも、「象徴天皇制」が戦前の天皇制を引きずっているからである。戦争の最高責任者である昭和天皇はその責任を取らず、天皇の座にとどまった。天皇でさえ責任を取らないのだから、他の人間の戦争責任を問いようがない。これが日本人の倫理観をはなはだしく低下させる基となった。責任ある地位の者が責任を取らない無責任体制が日本の社会に定着してしまったのである。バブル経済の崩壊後一〇年経っても、いまだに日本は不況から脱出できないが、それも、企業や官庁の最高指導者が速やかにその責任を取らず、解決を先のばしにしてきたのが原因だ。

国際的には、さらに始末が悪い。戦前の天皇制から「象徴天皇制」に変わった、主権は天皇から国民に移った、などと言ったところで、天皇本人がそのまま天皇の座に座り続けていたのだから、外国から見れば、戦前の日本と戦後の日本との間に本質的な違いがあるとは思えない。それどころか、最高の戦争責任者である天皇をそのまま存続させた日本国民は、戦争の責任を取ろうとしない非倫理的な国民であるという汚名を着せられてしまった。

日本国内にいる分には、自分たちにそんな汚名を着せられていることに気がつかない。だが、一歩、アジアに出て、現地の人々の本音を聞くと愕然《がくぜん》とする。韓国、マレーシア、シンガポール、行く先々で私は、日本の戦争責任を追及された。ヨーロッパでも同じである。私は、ドイツ人にどうして日本人は戦争責任を取らないのかと激しく非難されたことがある。オランダで、日本軍はヒトラーが殺したよりも大勢のオランダ人をインドネシアで殺したのにその責任を取ろうとしない、と言われたこともある。観光客として行けば、表面的には歓迎してくれるが、いったん深い話を始めると、彼らは容赦なく日本の戦争責任を攻めてくる。

「象徴天皇制」であれ何であれ、天皇制を存続させてしまったばかりに、我々日本人一人一人が、戦争責任を取らない国民と非難され続けなければならないのだ。日本は世界中で一番多額の援助を外国に与えているのに、向こうはありがたがるどころか、当然のようにひったくり、もっとよこせと文句まで言う。こうしたことが我々の子供や孫の代までも続くとしたら、これは、やはり国際的に「死活問題」ではないか。すぐに死ぬことはないが、じりじりといぶり殺されるようなものである。

このような状況に我々を追い込む天皇制が、不破哲三の言うように我々の「邪魔にならない」ものだろうか。「象徴天皇制」は一見無害であるようだが、近代天皇制の変形であって、戦前の天皇制と断絶しておらず、つながっている。ということは、容易に逆戻りできることでもある。「日の丸・君が代法案」が成立したのも「象徴天皇制」を戦前の天皇制に引き戻す動きの一つである。

國學院大学教授・大原康男は雑誌『SAPIO』(小学館)一九九九年一一月二四日号で「日の丸・君が代法案」に言及して、「政府が、『君が代』の『君』は天皇と明言した以上、元首論議は終わった。天皇は元首でないと言うことはできない」と言って、天皇が元首であると主張している。どうして、そんなに元首が欲しいのだろう。元首に寄りかからないと安心していられないその精神構造は、自立した人間のものではない。

私たち国民が一人一人個を確立していれば、誰かに自分たちの国を象徴してもらう必要はない。我々が真に民主主義的な結びつきで国をつくっていれば、我々の統合を誰かに象徴してもらう必要はない。

我々の上に生身の人間を戴き、象徴として仰いでいる限り、我々の個としての確立もあり得ないし、民主主義的な結びつきによって成り立つ、真に自由な国を築き上げることもあり得ないのだ。

第6章
昭和天皇の戦争責任

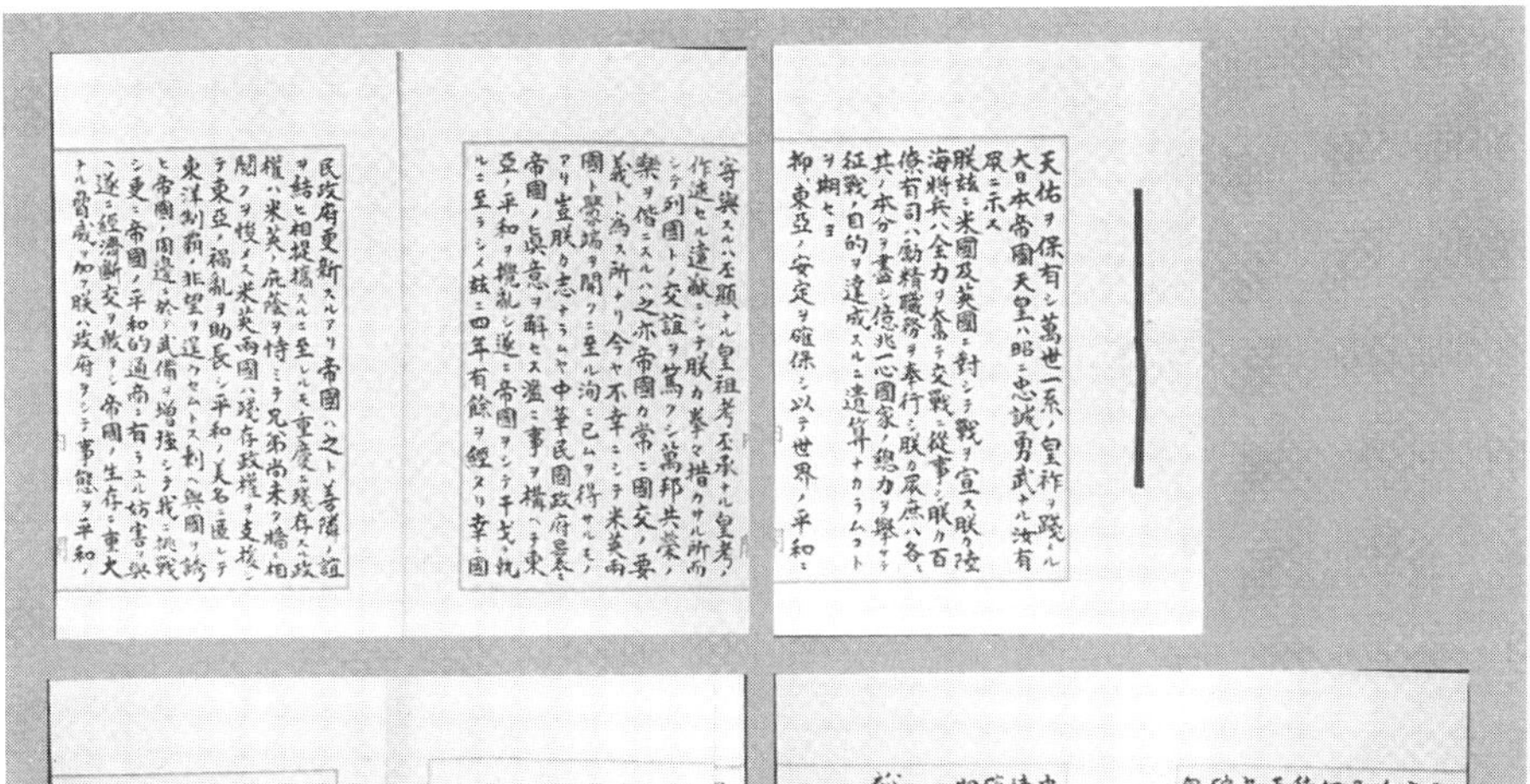

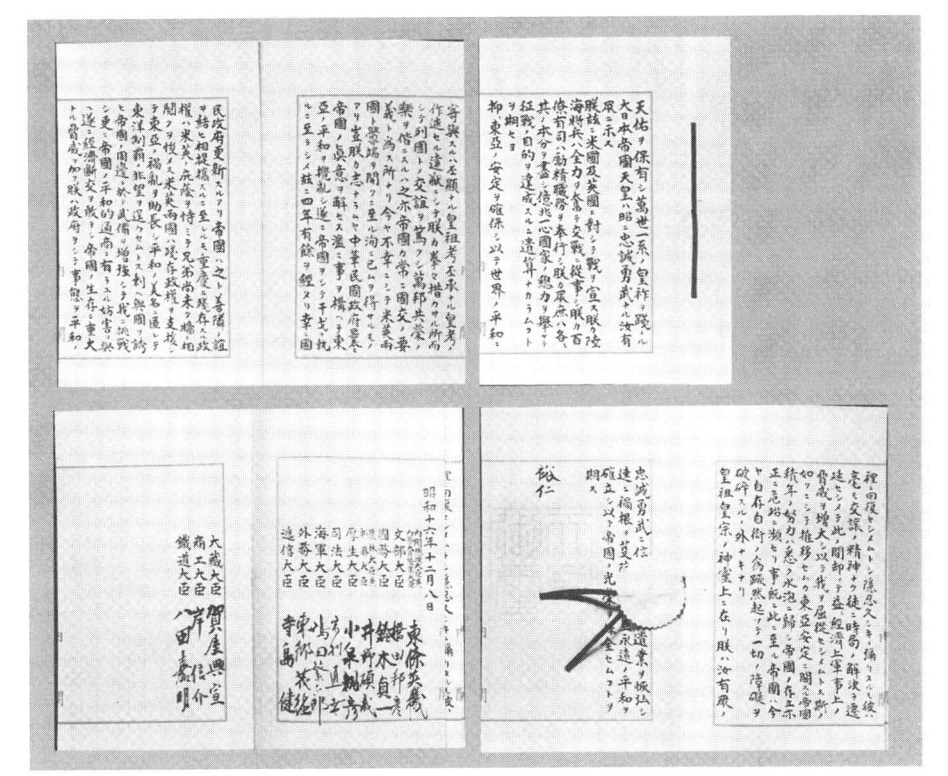

1941年12月8日、米・英に対して出された宣戦の詔書。

これ
僕の従弟《いとこ》の勇なんだ
高校三年生だ
よろしくお願いします
オーストラリアから帰ってきたんだって？
ええ
父の仕事の関係で二年間滞在しました
おかげで大学受験が大変です
向こうの学校はどうだった？
楽しかったけれどちょっと嫌なことがあって
というと？
歴史の時間に第二次大戦の時のビデオを見せられたんです
それも日本のアジア侵略と捕虜虐待を記録したビデオなんです

それは辛いわね
そのあと議論になって
彼らは日本が戦争の責任を取ってないと言うんです
戦争の責任を？
日本人は昭和天皇に戦争の責任を取らせなかった
その上昭和天皇の息子をまた天皇にしたと言うんです
僕もそう言ったらドイツでヒトラーの息子をイタリアでムッソリーニの息子をそれぞれ国の象徴の位置につけたら世界中が怒るだろう日本はそれと同じことをしてるんだと彼らは言うんです
でも今の天皇は戦争の時にまだ子どもだったんだもの
戦争には何の責任もないわ

そんな乱暴な
昭和天皇をヒトラーやムッソリーニと同罪だと言うんだな
そういう考え方もあるんだな
彼らは昭和天皇が亡くなったときのイギリスの新聞を持ってきて見せてくれました
その一面には「ヒロヒト、地獄でヒトラーとムッソリーニが待っているぞ」と書いてありました
まあ！ヒトラーとムッソリーニが待っているぞだなんて
昭和天皇が亡くなったとき
イギリスやオーストラリアで猛烈な反昭和天皇感情が燃えあがったよね
しかし
さんざん世界中の植民地で収奪を重ねてきたイギリス人にそんなこと言う権利があるのかね
でもそれがイギリス人一般大衆の感情なんだろうな

イギリスの植民地

●大英帝国として知られ、その最盛期（一八一五年からの半世紀）には全世界の四分の一の領土を占めたといわれる。一七世紀初頭に北アメリカ植民地が成立、アメリカ独立（一七七六年）前後はインドに重点を移し、プラッシーの戦いで征服。さらにマラヤ、ビルマ、ボルネオを支配下に収め、アヘン戦争を契機に中国にも進出した。一方、今のエジプト、リビアなど北アフリカから金鉱目的の南アフリカまで縦断的にアフリカを侵略した。

僕
恥ずかしながら
彼らに反論
できませんでした
というのは
僕自身
戦争のこと
よく知らないし
ましてや天皇の
戦争責任のことなんか
考えたことも
なかったので……
無理もないわ
日本の学校では
戦争のことを
ほとんど
教えないものね
天皇の
戦争責任なんか
考える
きっかけさえ
学校では
与えられないもの
今からでも
遅くないから
知りたいんです
昭和天皇に
戦争責任が
あるのか
あるとしたら
どんな責任
なのか
……
おれは
当然昭和天皇に
戦争責任は
あると思う
でも
イギリス人が
考えるような
単純なものじゃない
ような気がする
うん
そうだな
戦争責任
という言葉自体
いろいろ
とらえ方が
あるからな

難しいんですね
岡原理事長にお知恵を借りたらどうかしら
おれもそれを考えていたんだ
岡原さんならわれわれが知らないこともいろいろとご存じだろう
もちろん昭和天皇には戦争責任がある
天皇の名によって米英に対して開戦の詔勅《しょうちょく》を出したからには責任は免れない
しかもあの戦争は神武天皇の「八紘一宇《はっこういちう》」の精神を実現するための聖戦とされていたのよ

開戦の詔勅●日本軍がハワイ真珠湾に奇襲攻撃を加え、英領マレーのコタバル攻撃を開始した一九四一年一二月八日、米英に対する宣戦布告の大詔は出されている。「天佑《テンユウ》ヲ保有シ万世一系《バンセイイッケイ》ノ皇祚《コウソ》ヲ践メル大日本帝国天皇ハ……朕茲《チンココ》ニ米国及英国ニ対シテ戦ヲ宣ス……」と始めた詔書は、「億兆一心《オクチョウイッシン》国家ノ総力ヲ挙ケテ征戦ノ目的ヲ達成スルニ遺算《イサン》ナカラムコトヲ期セヨ」と命じ、「帝国ノ光栄ヲ保全セムコトヲ期ス」と結んだ（201頁参照）。

天皇に戦争責任がないなんてことはありえないわ
八紘一宇って何ですか
簡単に言えば天皇が世界中の支配者になるということだ
そんな無茶な
今の人には信じられないことでしょうけれど
あの頃の日本人はそう信じ込まされて戦わされたのよ
それじゃ戦争は天皇の責任だよ
しかし昭和天皇の戦争責任とヒトラームッソリーニの戦争責任とは質が異なる
昭和天皇はヒトラーやムッソリーニとは違う!?

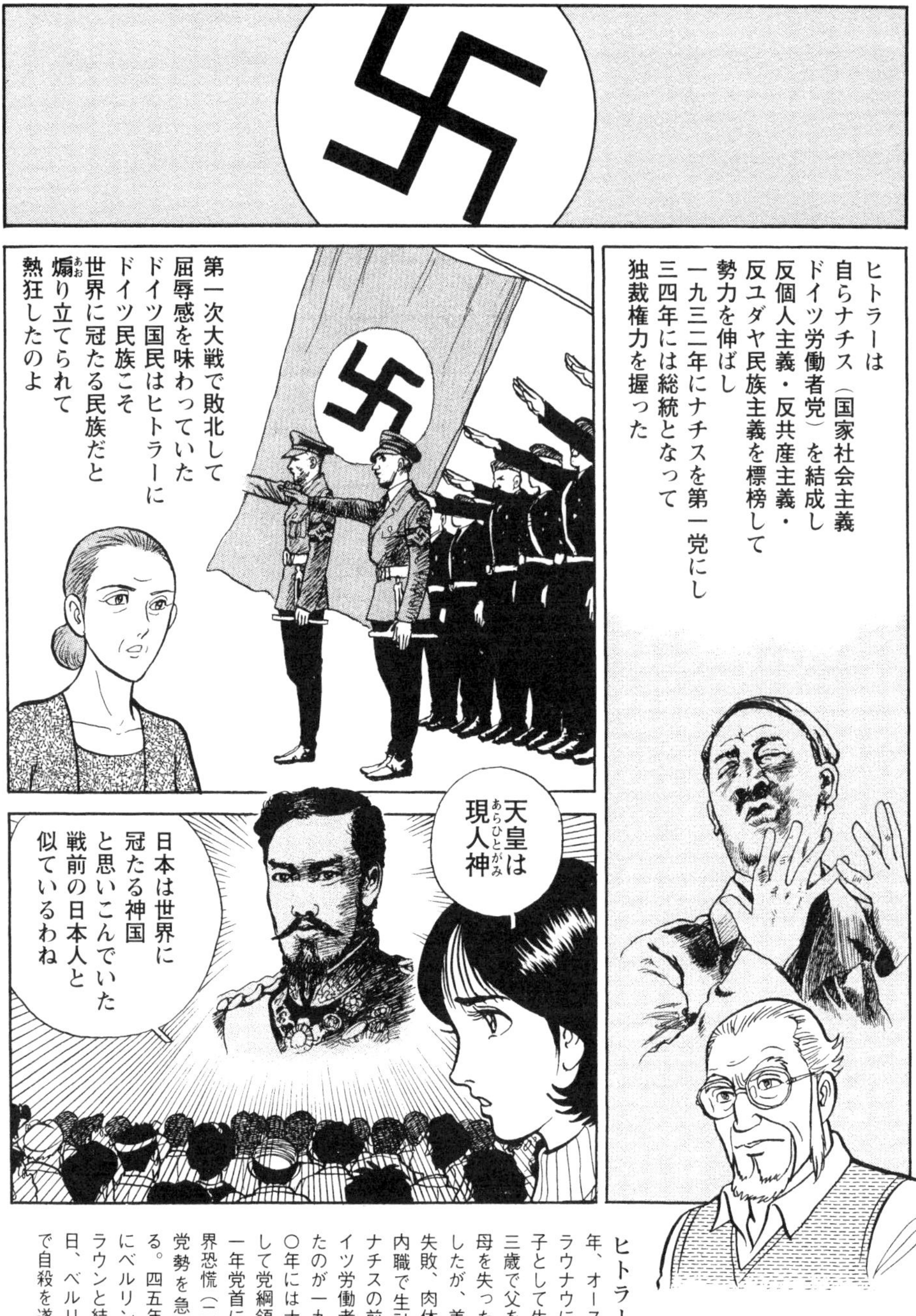
ヒトラーは
自らナチス（国家社会主義
ドイツ労働者党）を結成し
反個人主義・反共産主義・
反ユダヤ民族主義を標榜して
勢力を伸ばし
一九三二年にナチスを第一党にし
三四年には総統となって
独裁権力を握った
第一次大戦で敗北して
屈辱感を味わっていた
ドイツ国民はヒトラーに
ドイツ民族こそ
世界に冠たる民族だと
煽《あお》り立てられて
熱狂したのよ
天皇は
現人神《あらひとがみ》
日本は世界に
冠たる神国
と思いこんでいた
戦前の日本人と
似ているわね

ヒトラー●一八八九年、オーストリアのブラウナウに税関吏の息子として生まれる。十三歳で父を、二年後に母を失った。画家を志したが、美大の受験に失敗、肉体労働や絵の内職で生計をたてた。ナチスの前身であるドイツ労働者党に入党したのが一九一九年。二〇年にはナチスと改称して党綱領を発表、二一年党首に就任し、世界恐慌（二九年）以後、党勢を急速に拡大する。四五年四月二九日にベルリンでエバ・ブラウンと結婚、その翌日、ベルリン陥落の中で自殺を遂げた。

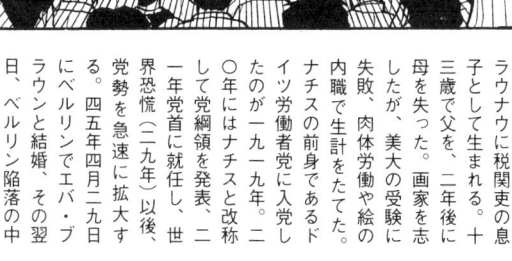

つい最近旧ユーゴスラビアのミロシェビッチもセルビア民族主義を煽り立て多くの人命を犠牲にした挙げ句何も得るところなく破滅してしまったね
まったく
民族主義は人の心を狂わせる力を持っているんだな
ヒトラーのしたことは君たちもよく知っているね
ヨーロッパ全域を侵略し ひいては世界征服を企みユダヤ人を絶滅させようとしたわ
アウシュビッツとかトレブリンカとかダッハウの強制収容所のことは読んだことがあるわ
それだけじゃなく全ヨーロッパに二〇近くの収容所があって全部で五五〇万人とか六〇〇万人とか言われる人たちが殺されたのよ

強制収容所●通常の刑務所や捕虜収容所と異なり、政治的理由から裁判の手続きなしに多くの市民を収容する施設をいう。ナチス・ドイツでは、当初は共産主義者など政敵に限られていたが、しだいにユダヤ人、聖職者、常習犯、同性愛者などもその対象にされていった。アウシュビッツなどの収容所では、残酷な生体実験が行われたほか、多くのユダヤ人がガス室で殺害された。

どうして そんなことが できたのか 寒気がするね
問題は ヨーロッパの侵略も ユダヤ人の絶滅計画も すべてヒトラーが 主体となって計画し 命令し実行したことだ
ナチスの したことの 根元的な 責任は
ヒトラー個人の 人格に帰する と言えるだろう
ヒトラーが いなかったら ナチスも ホロコーストも 起こらなかった というわけね
ムッソリーニについても同じことが言える ムッソリーニはファシスト党を結成し 独裁政権を樹立し エチオピアを併合し スペインの内戦に干渉し 連合国を相手に戦争を仕掛けた
だがそのすべてはムッソリーニ本人が 計画し命令し実行したことだ だから敗戦後ムッソリーニは それまで虐げられていた民衆の 憤激を買って虐殺され その死体は見せしめとして広場に吊るされた

ユダヤ人の絶滅計画
●ナチスは「ゲルマン民族の優秀性」を唱え、「劣等民族」のユダヤ人は隔離するか絶滅させるほかない、と説いた。一九三三年のユダヤ人商店に対するボイコット、ユダヤ人の公職追放に始まり、三五年ユダヤ人からのドイツ市民資格剝奪と続き、第二次大戦が始まると、全ヨーロッパのユダヤ人を強制労働に従事させ、できるだけ死亡させるという「絶滅政策」が実施されることになる。

ヒトラーは自殺をしムッソリーニは民衆に殺された
でも昭和天皇は生き残ったわ
生き残っただけでなく天皇の地位に死ぬまでとどまり続けた
だからイギリスの新聞が昭和天皇が亡くなったときに「ヒロヒト、地獄でヒトラーとムッソリーニが待っているぞ」なんて書いたんですね
でも岡原さんは昭和天皇はヒトラーやムッソリーニとは違うとおっしゃったわ
それはどういうことです？
今言ったようにヒトラーもムッソリーニも自分の意志で自分で計画を立て部下に命令し戦争を始めた
ところが昭和天皇の場合日中十五年戦争もアジアの侵略も連合軍に対する戦争も自分の意志で自分で計画を立てて始めたわけではない

ムッソリーニ●一八八三年、ロマーニャ地方のフォルリに鍛冶職人の息子として生まれる。師範学校を出て小学校教員となり、社会主義運動に参加。社会党内の指導的立場にあったが、第一次世界大戦中に党の方針に反して参戦論を唱えて除名される。大戦後の一九一九年三月に「戦闘ファッシ」を結成してファシズム運動を開始、二二年にはクーデターで政権を獲得し、三十九歳で首相となった。エチオピア併合など侵略政策を進めたが、第二次世界大戦の敗色が濃くなった四三年七月、逮捕。九月ドイツ軍に救出されたが、四五年四月、コモ湖畔でパルチザンに捕らえられて銃殺刑に処せられた。

日中十五年戦争も太平洋戦争も昭和天皇の意志で始まったわけではないというんですか！
満州事変の発端となった柳条湖《りゅうじょうこ》事件も日中戦争の発端となった盧溝橋《ろこうきょう》事件も日本の破滅の原因となった満州国の建設さえも昭和天皇が意識して計画して実行を命令したわけではない
すべて軍部が独断で計画し実行したことだ
結局昭和天皇は後で追認してしまうが
英米に対する開戦も昭和天皇が発案・計画したことではないわ
軍部の主戦論派に従った形なのね

盧溝橋事件●一九三七年七月七日、北京の南西郊外にある盧溝橋付近で日中両軍が衝突した事件で、日中戦争の発端となった。夜間演習中だった日本軍の一中隊が実弾射撃の音を聞き、かつ初年兵一人が行方不明になったと誤認したことが重なって交戦状態に入った。一一日には停戦協定が成立したが、政府は対中強硬論に押される形で同日、三個師団の派兵を決定。中国も一気に抗日姿勢を強めたため、二八日から華北の日本軍は総攻撃を開始、日中全面戦争に突入した。

では昭和天皇はヒトラーやムッソリーニよりも戦争責任が軽いんですか！
いいや
そんなことはない
日本人だけでも三〇〇万人以上中国や他のアジア各国では二〇〇〇万とも三〇〇〇万とも言われる犠牲者を出し日本全土を焦土と化し
二発の原爆を落とされる原因を作った昭和天皇の戦争責任がヒトラーやムッソリーニより軽いわけがない
それじゃ昭和天皇がヒトラーやムッソリーニと違うというのは？
その戦争責任を昭和天皇個人の人格に帰してしまうと――
近代天皇制の本質が見えなくなってしまうからなんだ
昭和天皇個人の人格に帰すると近代天皇制の本質が見えなくなる！

明治憲法は
第一条で
「大日本帝国ハ万世一系ノ天皇之ヲ統治ス」
第三条で
「天皇ハ神聖ニシテ侵スヘカラス」
と規定している
これじゃ国民は天皇を崇めて従うしかない
国民は手も足も出ないわ
一番の問題は第一一条で「天皇ハ陸海軍ヲ統帥ス」と規定していることだ
統帥とはどういう意味ですか
統率して指揮することだ
要するに日本の軍隊を動かすことができるのは天皇であるということだ
これが一番の問題というのは？

統帥権●国軍に対する指揮・命令権をいい、通例は国家元首である君主、大統領あるいは首相が持つとされる。大日本帝国憲法では天皇のみが有する権限（第一一条）とし、内閣や議会の拘束を受けない「統帥権独立制度」を敷いた。その内容については軍と政府で解釈に差があり、軍隊の編制・維持は内閣の責任とする政府と、統帥権は軍隊の動員・出動命令ばかりでなく編制にも及ぶとする軍側との間で深刻な対立も生じた。

昭和に入って軍部の力が強くなるにつれて軍部はこの条項を楯《たて》に統帥権の独立を主張するようになっていった
統帥権の独立!
そう
政府であろうと天皇の軍隊に口を出すことは天皇だけが持つ統帥権を侵すことになると言うのだ
戦争を実際に指揮する大本営は軍人だけで固めて
政府は戦争に口を挟むことができなかったのよ
首相でさえもね
それじゃ政府は軍に対して何もできない!
ひえぇ!
戦争という国にとって一番大事なことに首相までも口を出せないなんて!
それじゃ何でも軍のし放題だよ!
さらに軍は軍部が閣議を経ずに直接天皇に上奏することができる帷幄《いあく》上奏権を持っていると主張した

帷幄上奏●軍機（作戦計画、戦時兵力、諜報など）・軍令（教育、検閲、人事など）に関して、陸軍の参謀総長や海軍の軍令部総長など軍令機関の長と陸海軍大臣が、内閣を経由することなく天皇に直接上奏し、裁可を求めること。帷幄とは、陣営に用いる幕のことで、最高指揮官の本営をいう。軍機・軍令とは異なり本来なら議会や内閣の了解を得なければならない軍政事項（軍の編制や常備兵額の決定など）についても、軍部が帷幄上奏によって決定することが多くなり、内閣との対立をもたらした。

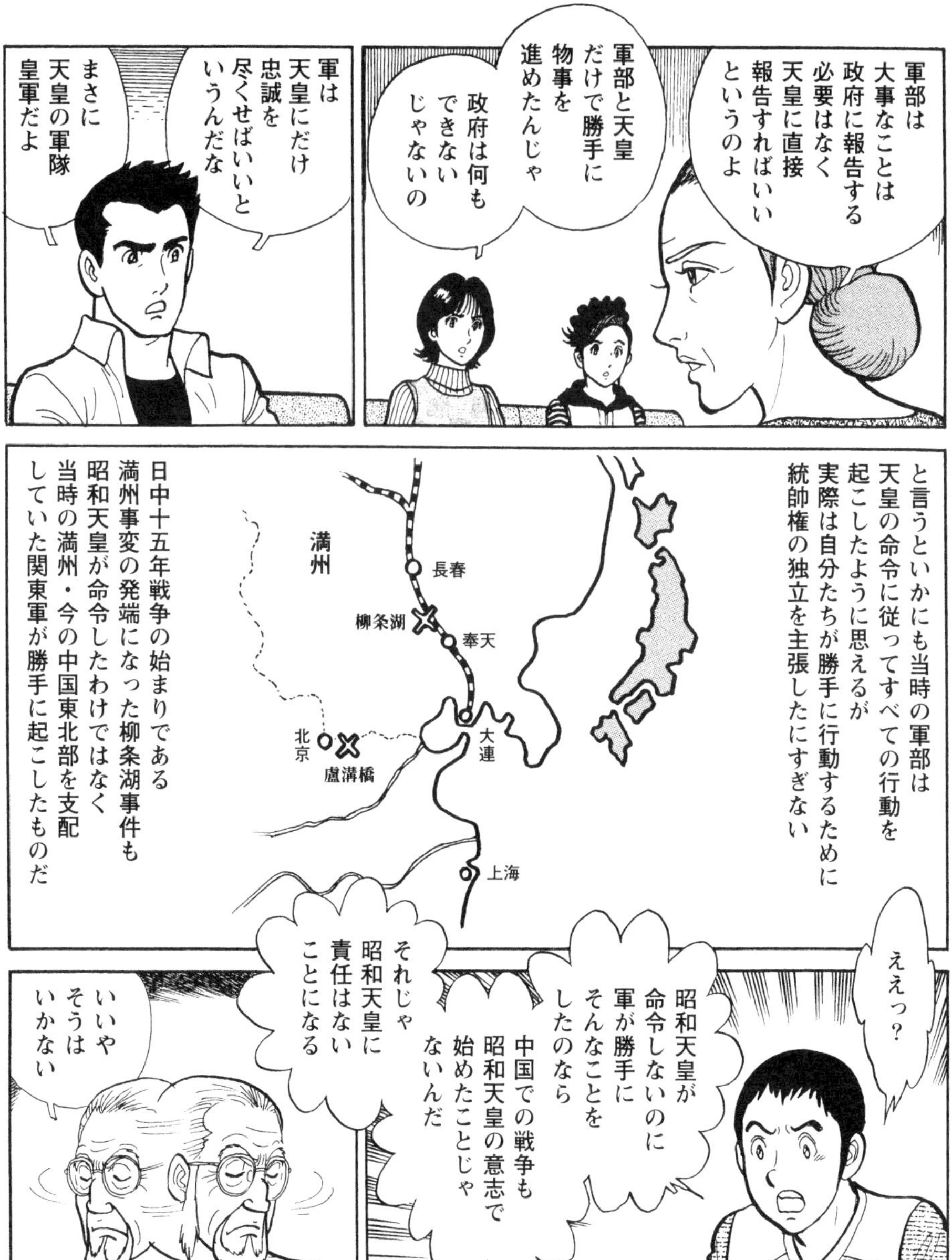
軍部は大事なことは政府に報告する必要はなく天皇に直接報告すればいいというのよ
軍部と天皇だけで勝手に物事を進めたんじゃ
政府は何もできないじゃないの
軍は天皇にだけ忠誠を尽くせばいいというんだな
まさに天皇の軍隊皇軍だよ
と言うといかにも当時の軍部は天皇の命令に従ってすべての行動を起こしたように思えるが実際は自分たちが勝手に行動するために統帥権の独立を主張したにすぎない
満州
長春
柳条湖
奉天
大連
北京
盧溝橋
上海
日中十五年戦争の始まりである満州事変の発端になった柳条湖事件も昭和天皇が命令したわけではなく当時の満州・今の中国東北部を支配していた関東軍が勝手に起こしたものだ
ええっ？
昭和天皇が命令しないのに軍が勝手にそんなことをしたのなら
中国での戦争も昭和天皇の意志で始めたことじゃないんだ
それじゃ昭和天皇に責任はないことになる
いいやそうはいかない

関東軍●現在の中国東北地方に当たる満州に駐留した日本の陸軍部隊。日露戦争後の一九〇六年、長春・旅順間の満鉄の沿線保護に当たるため設置された関東都督府が起源。一九年に関東軍として、司令部が旅順におかれた。その後、日本の中国侵略の第一線部隊として、満州事変（三一年）、満州国建設（三二年）に乗りだす。三八年の張鼓峰事件、三九年のノモンハン事件でソ連軍に大敗。四一年の独ソ戦開始に伴い、七〇万の大軍を擁したが、精鋭部隊の南方転用で急速に弱体化し、四五年八月九日のソ連参戦により敗退した。

それ以前に
中国の東北三省を支配する軍閥の首領・張作霖《ちょうさくりん》を
関東軍が爆殺する事件が起こった
張作霖
田中義一
張作霖爆殺事件を知った昭和天皇は
最初 嘘の報告をしたと言って
当時の田中義一首相を叱り
それが原因で田中義一は首相を辞任したが
だからといって天皇は張作霖爆殺の真相を調査し
犯人を処罰することは命じなかった
言いかえると
天皇は張作霖爆殺を認めたのだ
知っていて 軍の最高責任者である天皇が 何も行動をとらないのは
軍のしたことを認めたことになるわね
まずいのは これが 軍人が勝手に行動しても 罰せられることはないという 前例となって その後 ますます軍部が 独断専行を 重ねるように なったことだ
罰せられないなら 何でもするわ
柳条湖事件以降 関東軍は 全満州占領の 行動を起こした

田中義一の首相辞任●張作霖爆殺事件（一九二八年六月四日）は、関東軍高級参謀・河本大作大佐が画策したもの。満州制圧のために武力発動の口実を得ようとしての謀略だったが、関東軍は出動せず不発に終わった。翌二九年、野党の民政党はこの事件を「満州某重大事件」としてその真相を公表するよう迫ったが、田中首相は「目下調査中」で押し通した。さらに関東軍司令官らの軽微な行政処分を天皇に内奏したところ、「もう話は聞きたくない」と激しく叱責され、内閣は総辞職した。

満州国●満州事変の結果成立した日本の傀儡《かいらい》国家。満州（中国東北部）および内モンゴル地域を領土として、一九三二年二月一八日、中国からの独立を宣言。三月一日には建国宣言を行い、清朝の廃帝（宣統帝）溥儀《ふぎ》を執政とし、首都を新京に定めた。大臣に当たる職には満州人が就いたが、実権は関東軍司令官の指揮下にある日本人が掌握。軍需資源の供給地として重工業建設を進めた。四五年八月一八日、敗戦とともに満州国も消滅した。

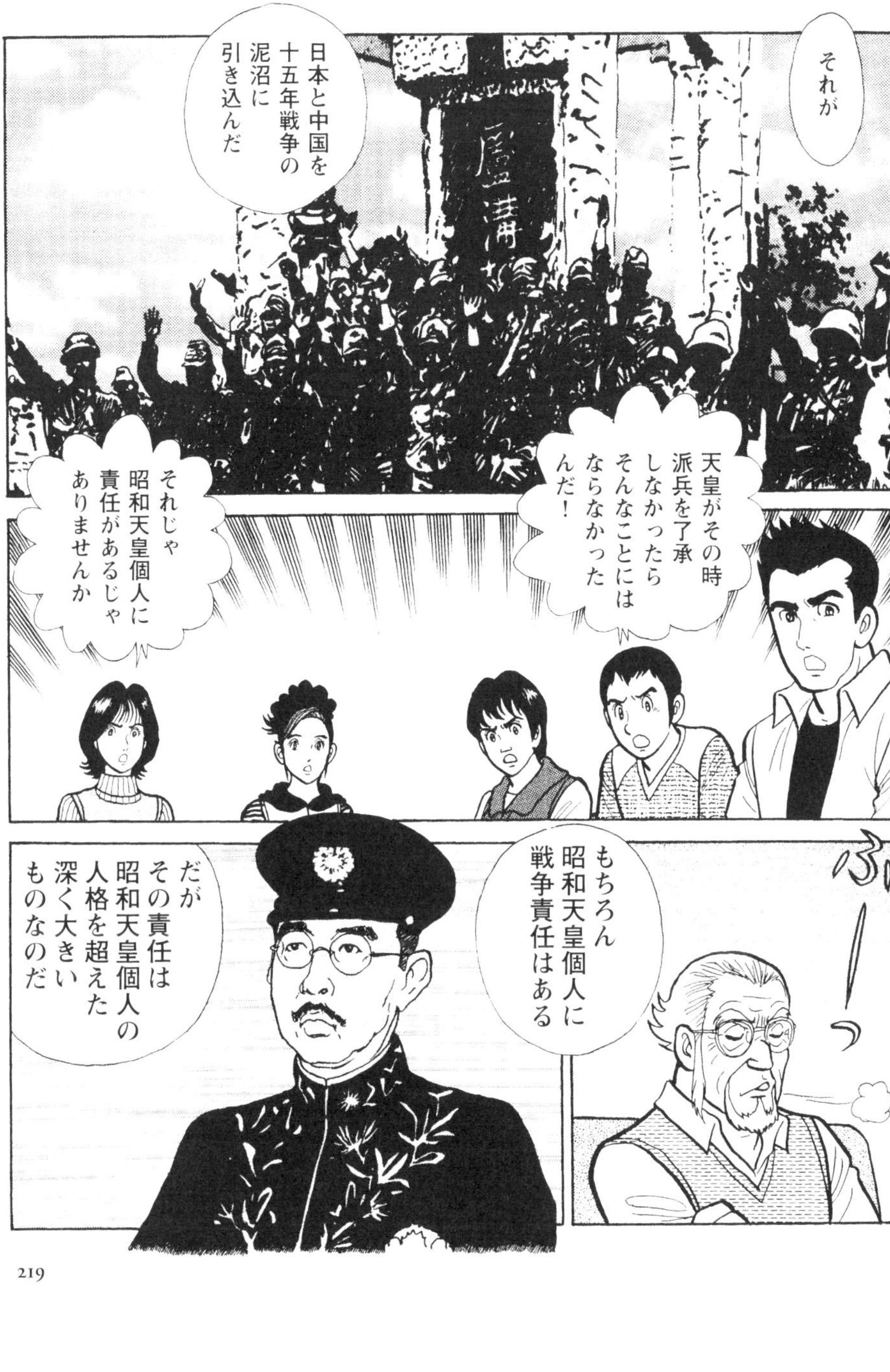
それが
日本と中国を十五年戦争の泥沼に引き込んだ
天皇がその時派兵を了承しなかったらそんなことにはならなかったんだ！
それじゃ昭和天皇個人に責任があるじゃありませんか
ふーっ
もちろん昭和天皇個人に戦争責任はある
だがその責任は昭和天皇個人の人格を超えた深く大きいものなのだ

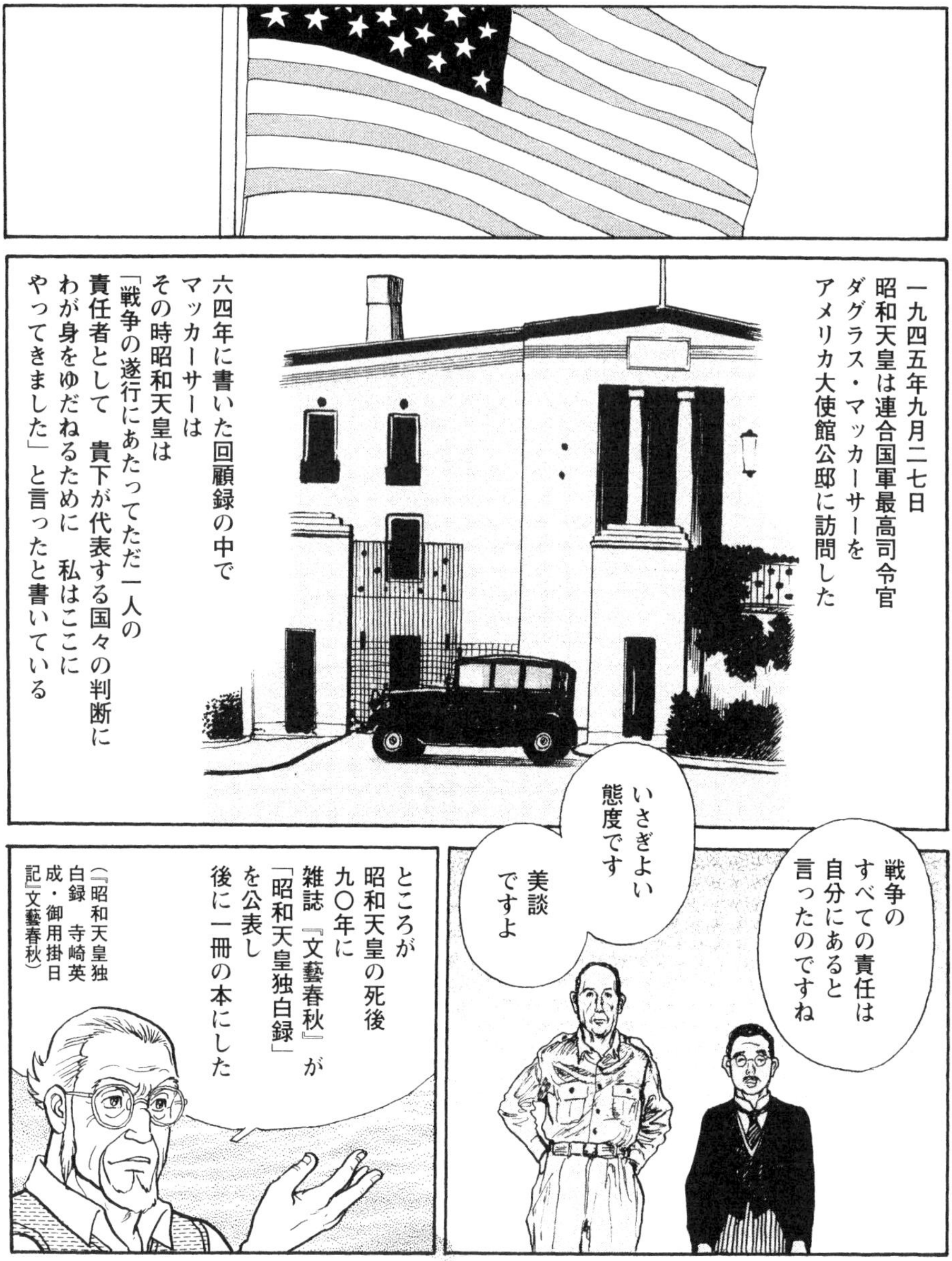
一九四五年九月二七日
昭和天皇は連合国軍最高司令官
ダグラス・マッカーサーを
アメリカ大使館公邸に訪問した
六四年に書いた回顧録の中で
マッカーサーは
その時昭和天皇は
「戦争の遂行にあたってただ一人の責任者として　貴下が代表する国々の判断にわが身をゆだねるために　私はここにやってきました」と言ったと書いている
戦争のすべての責任は自分にあると言ったのですね
いさぎよい態度です
美談ですよ
ところが昭和天皇の死後九〇年に雑誌『文藝春秋』が「昭和天皇独白録」を公表し後に一冊の本にした
(『昭和天皇独白録　寺崎英成・御用掛日記』文藝春秋)

昭和天皇とマッカーサー●一九四五年九月二七日午前一〇時、昭和天皇はマッカーサー元帥の公邸を訪問した。その会見写真(165頁)は二九日付の各新聞に掲載されたが、一度は内務省の検閲で「陛下の恥辱」として掲載禁止の指示が出ている。GHQがその指示を知って撤回を命じたため、この写真は公表された。天皇はマッカーサーが帰国するまでに一一回訪問しているが、マッカーサーからの訪問は一度も行われなかった。

これは四六年三月から四月にかけて寺崎英成などの五人の側近が昭和天皇から直接聞いてまとめたものだと記されている
昭和天皇は張作霖の爆殺事件十五年戦争の始まりとなった満州事変から敗戦までの間のことを話している
へええ!
昭和天皇が自分から戦争との関わりを話したの!
いったい何のために?
二つの説があって
一つは「東京裁判」対策の弁明書というもの
もう一つは単なる回想録だというものだ
その時昭和天皇は重い風邪にかかっていたのに執務室にベッドを持ち込んでまで独白録の作業を進めたのよ単なる回想録なら体調が良くなるのを待ってゆっくり書けばいいのに
待てよ東京裁判が始まったのは

東京裁判●正式には極東国際軍事裁判。一九四六年四月二九日、一一か国の連合国を原告とする起訴状が裁判所に提出され、東条英機ら二八人が重大戦争犯罪人（A級戦犯）として起訴された。同年五月三日から四八年四月一六日まで審理は続き、東条、広田弘毅ら七人が絞首刑、木戸幸一、平沼騏一郎ら一六人が終身禁固刑、二人が有期禁固刑に処せられた。

四六年
五月三日
そうか
もし弁明の書なら
東京裁判が始まる
前に仕上げなければ
ならなかったから
重い風邪を
おしても
作業を続けたことの
説明がつく
それを
決定
づけた
のが
この本だ
(『昭和天皇
二つの「独白録」』
東野真著／
NHK出版)
二つの
独白録?
NHKの取材班はマッカーサーの側近
ボナー・フェラーズの残した文書の中から
「独白録」の英語版を発見した
同時にこの本には昭和天皇の元侍従長
稲田周一の日記が収録されている
稲田周一は
風邪をおしてまで独白録を作るのは
東京裁判対策だとはっきり書いているし
発見された英語版が
独白録は連合国軍総司令部に
提出するのが目的だったことを
証明するものとなった

稲田周一●一九〇二～七三。東京都生まれ。東大法科卒業後、内務省、拓務省を経て三一年犬養内閣の内閣書記官となる。以後終戦の年の小磯内閣まで一三代の内閣に仕え、五・一五事件や二・二六事件に遭遇するなど、昭和史の証言者だった。四六年宮内省に入り、昭和天皇の「独白録」の聞き取りに内記部長として参加。侍従次長を経て六五年から四年間、侍従長を務めた。

それじゃ独白録は東京裁判に備えた
弁明の書だったんだわ
独白録で昭和天皇が言っていることは自分は戦争に反対だったが自分は立憲君主だから開戦を決めた軍部と政府の方針を認めざるをえなかったということに尽きる
しかも驚くことに昭和天皇は松岡洋右《まつおかようすけ》をはじめ何人もの臣下を名指しで非難しているんだ
責任を臣下に押しつけてるのね
マッカーサーに言ったこととだいぶ違うじゃないか
それにマッカーサーに会う二日前に『ニューヨーク・タイムズ』のクルックホーン記者の質問状に対して「宣戦の詔勅を東条のやったように使用することは本意ではなかった」と言って真珠湾の奇襲を東条の責任にしたのよ
クルックホーン●敗戦とともに、二五〇人もの連合国側の記者が日本を訪れた。彼らのねらいは天皇会見の一番乗りであり、それに成功したのが、『ニューヨーク・タイムズ』太平洋方面支局長のフランク・クルックホーンと、UP通信社長のヒュー・ベーリーだった。クルックホーンの会見時間はわずか三分間で、事前に提出しておいた質問事項に対する回答書をもらって帰った。天皇は宣戦の詔書についての他に「英国のような立憲君主国がよいと思う」などと述べている。

ジョン・ダワー●一九三八年、米国ロード・アイランド生まれ。アマースト大学卒業後、ハーバード大大学院で博士号（歴史・極東語学研究）取得。日本の現代史研究の第一人者として知られ、現在はマサチューセッツ工科大学歴史学教授。著書に『吉田茂とその時代』『人種偏見——太平洋戦争に見る日米摩擦の底流』などがあり、近著『敗北を抱きしめて』ではピューリッツァ賞を受賞。その中で昭和天皇の戦争責任などにも言及している。

マッカーサーの回顧録についてアメリカのマサチューセッツ工科大学のジョン・ダワー教授はマッカーサーが天皇の発言を脚色したと言っているわ
マッカーサーと昭和天皇の通訳をした奥村勝蔵の残した極秘メモには天皇がマッカーサーにそんなことを言ったことは全然記されていない
いったい真相は何なんだ！
昭和天皇の態度は不可解というより無責任と言った方がいいがこれは昭和天皇個人の人格のせいだけではない
近代天皇制の下で天皇になれば誰でもこんな態度をとらざるをえない
誰が天皇になってもですか
そうだ
それが近代天皇制の最大の害悪の一つなのだ

奥村勝蔵●一九〇三～七五。岡山県生まれ。東大法科卒業後、外務省入省。日米開戦の時は一等書記官としてワシントンに駐在していた。戦後、第一回と第四回の昭和天皇・マッカーサー会談の通訳を務めたが、四七年に会談の内容漏洩の責任を問われて懲戒免官処分を受ける。その後、外務省事務次官、スイス大使を経て六一年退官。

近代天皇制の真髄は
明治憲法の第三条の条文
「天皇ハ神聖ニシテ侵スヘカラス」
要するに
「天皇が現人神である」
というところにある
天皇の神聖化が日本の近代のすべての過ちの原因なんですね
われわれは長い間日本政府がポツダム宣言を受諾し降伏したのはアメリカによる二つの原爆投下で力つきたからだと思いこんでいたが『昭和天皇独白録』には思いもよらぬ事実が記されていた
思いもよらぬ事実？

ポツダム宣言●米（トルーマン）・英（チャーチル）・中（蔣介石）三国首脳の名で一九四五年七月二六日に発表された対日共同宣言をいう。内容は、日本への降伏勧告であり、その条件として軍国主義の除去、日本の主権の本土四島への制限、軍隊の武装解除、戦争犯罪人の処罰などを要求。日本側がめざした国体護持（天皇の地位・権能の保全）は保証されていなかったため、鈴木貫太郎内閣はこの宣言を「黙殺」と言明した。連合国側はこれを「拒否」と受け取り、アメリカの原子爆弾投下、ソ連参戦を経て八月一四日の御前会議で日本は宣言の受諾を決定した。

三種の神器●皇位のしるしとして歴代天皇が継承した三種の宝物、鏡(八咫《やたの》鏡《かがみ》)・剣(草《くさ》薙《なぎの》剣《つるぎ》)・玉（八尺瓊《やさかにの》勾玉《まがたま》)のことをいう。『古事記』『日本書紀』の中では、天の岩屋の物語の中で鏡と玉の、八《や》岐大蛇《またのおろち》の物語の中で剣の、それぞれの起源が述べられている。鏡は天照大神を祀る伊勢神宮内宮《ないくう》の神体であり、剣は熱田神宮の神体である。現在の皇室典範に規定された「皇位とともに伝わる由緒ある物」が三種の神器を指すという。

昭和天皇は万世一系の天皇が日本を統治する「国体」を護ることに凝り固まっていたことがこれでよくわかる
そうか
天皇自身近代天皇制の洗脳を受けていたんだ
その通り
天皇家に生まれて近代天皇制の洗脳を受けた昭和天皇は自分が神聖な存在であると心底信じていた
天皇の側近である木下道雄の『側近日誌』（文藝春秋）によれば天皇は敗戦後「天皇人間宣言」と言われている詔書の作成に際して「自分が神の子孫ではないと言うことには反対である」と言ったと記されている
敗戦後でも本当に自分が神の子孫で
神聖な存在だと信じていたのね！
だが
天皇になるべく生まれて近代天皇制の天皇教育を受ければ誰でも昭和天皇のようになるだろう
そして自分が神聖な存在である現人神であるとしたらいったい誰に対して責任をとれと言うのか
神が人間に対して責任をとることはありえないことだろう

木下道雄●一八八七～一九七四。東大法科卒業後、内務省に入省。内閣書記官を経て一九二四年、皇太子だった昭和天皇の東宮侍従として宮内省に入り、六年間侍従を務める。その後大臣官房秘書課長などを歴任し、終戦から二か月たった四五年一〇月侍従次長に就任。『側近日誌』は、就任した一〇月二三日から四六年六月九日までの日記を収録したもの。他の著書に『宮中見聞録』『皇室と国民』など。

確かになあ
神である自分が臣下の起こした戦争の責任をとるわけがないな
だから
「独白録」で弁明したり「戦争責任は言葉のアヤ」だなんて言ったんだ
今は象徴天皇制だから大丈夫ですね
とんでもない
一九七一年の記者会見で昭和天皇は「天皇は日本国民統合の象徴」という憲法第一条は「日本の国体の精神に合っている」と言っている
ええっ!
象徴天皇制も「国体」に合っているというの!
昭和天皇の意識は敗戦後も全然変わっていなかったのね!
変わっていないのは昭和天皇だけじゃない
最近 自由党の小沢一郎党首が発表した憲法改正試案の中では天皇を元首とし選挙によらず一定の要件で天皇が任命する終身議員による参議院を作るとされているわ

小沢一郎の憲法改正試案●これは『文藝春秋』九九年九月号に発表されている。「天皇」については、改めて条文に記すまでもなく「今の文章のままでも天皇は国家元首と位置づけられている」と述べている。憲法の中で「天皇が一番最初に規定されていることからも」、また第六条に「主権者たる国民を代表し、若しくは国民の名に於いて内閣総理大臣及び最高裁判所長官を任命するのは天皇」とあることからも、「国家元首が天皇であることは疑うべくもない」としている。

それじゃ戦争前に逆戻りよ
でも今さらそんな意見に賛成する人はいないでしょう
いや右傾化の進んでいる今の日本ではなし崩し的に近代天皇制に引き戻そうとする人間が力を持ってきている
権力者には天皇をかついで好き勝手なことができる近代天皇制は便利なんだな
象徴天皇制であれどんな形でも天皇制が残っている間は再び近代天皇制に戻り
昭和天皇のように権力者にかつがれる天皇が出現する危険性があるわ
昭和天皇の戦争責任を考えると
再び天皇が政治に関わる危険を未然に防ぐために
天皇制を憲法の外に出してやる努力が必要だということを痛感するね

勇君
ヒトラー ムッソリーニと 昭和天皇の 戦争責任の違いが わかっただろうか
はい
昭和天皇の 戦争責任を 天皇個人の人格に帰すると 近代天皇制の本質を見失う ということがわかりました
でも　ヒトラーは自殺し ムッソリーニは市民に殺される形で 戦争の責任をとったのに 昭和天皇が何の責任もとらなかったことが すっきりしないんです
まったくだ 最高責任者である天皇が責任をとらなかったことが どれだけ日本人の心を荒廃させたことか 相次ぐ官僚の汚職　金融関係の不祥事 責任ある立場の人間が無責任の限りを尽くす
アジア諸国民に対する責任とは別に 今の日本のこんな風潮を生み出したのが 昭和天皇の最大の 戦争責任ではないだろうか

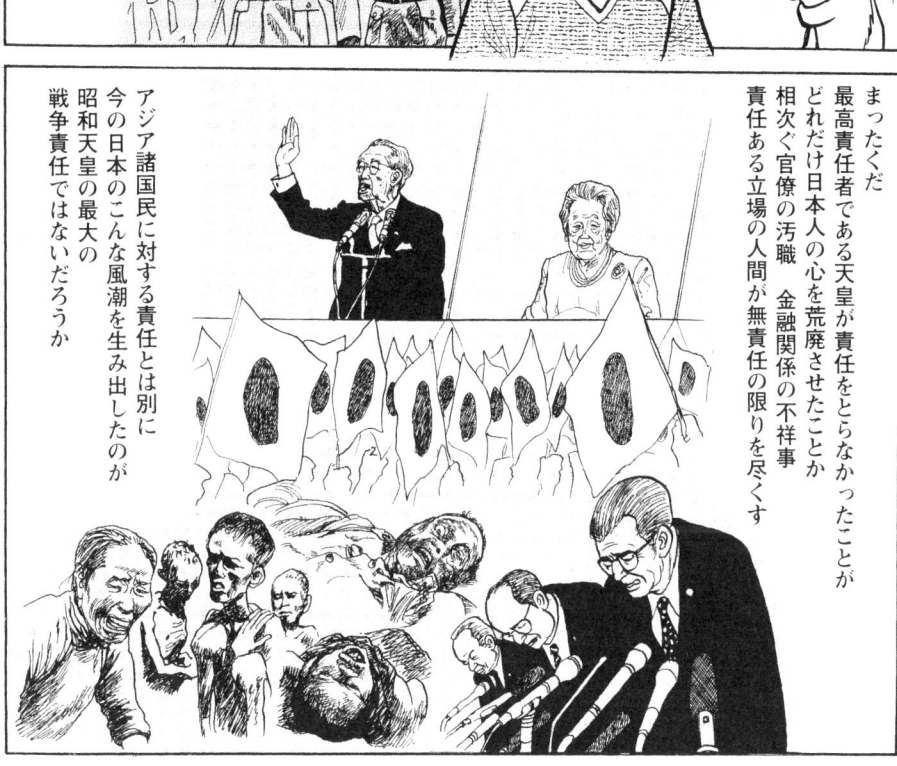

昭和天皇の「伝説」は果たして真実だったのか

「戦争の全責任を負う」とした美談。「平和主義者」の評判……だが天皇自身が語った「独白録」にその反証が記されている。

発見された二つの「独白録」

『文藝春秋』一九九〇年一二月号に「昭和天皇独白録」が発表された。戦後天皇の御用掛《ごようがかり》を務めた寺崎《てらさき》英成《ひでなり》の遺品の中から遺族が発見したものである（寺崎英成とマリコ・テラサキ・ミラー編著『昭和天皇独白録　寺崎英成・御用掛日記』として文藝春秋より刊行）。

寺崎英成は一九〇〇年に生まれ、外交官として一九二七年から一九三二年までアメリカに勤務した。その間にアメリカ人、グエンドレン・ハロルドと結婚している。一九四一年に再びアメリカ勤務になり、日米開戦後の一九四二年に日本へ帰ったが、一九四六年二月から宮内省御用掛に任命された。この御用掛とは形の上では天皇の通訳であったが、寺崎の日記を読むと、寺崎は単なる通訳というより、天皇とマッカーサー司令部の間を取り持つ役目も果たしていたようである。

この「独白録」は、一九四六年三月一八日から四月八日までの間に、四人の側近と寺崎によって計五回にわたって行われた昭和天皇に対する聞き取り作業の記録であって、日中戦争から、太平洋戦争の終結にいたるまで、天皇の考えていたこと、行ったことが本人の口から語られているのである。

問題はこの「独白録」が一体何のために作られたか、ということだ。単なる回顧録という説と、東京裁判対策のための弁明であるという説が対立していたが、決定的な証拠がなかった。ところが、一九九六年、高松宮についての番組を作るために、マッカーサーの側近を務めていたボナー・フェラーズの遺族に協力を求めに行ったＮＨＫの取材班が、フェラーズの娘の保管していた文書の中から思いもよらず、英語版の「独白録」を発見した（東野真著『昭和天皇二つの「独白録」』としてＮＨＫ出版より刊行）。

この英語版の存在が、「独白録」は東京裁判に向けた弁明の書であることを裏付けた。

寺崎が御用掛を務めるようになってから妻グエンドレンとフェラーズは遠い親戚であることがわかって、寺崎とフェラーズは家族ぐるみのつきあいになり、二人は天皇とマッカーサーの間の連絡役として緊密に働いた。フェラーズはマッカーサー第一の側近であり、マッカーサーは占領政策においても天皇擁護派のフェラーズの意見を多く取り入れたという。寺崎は勤王家であった。その二人の連繋がこの「独白録」を生み出すのに力があったのではないか。

昭和天皇を無罪にする弁明の書

ボナー・フェラーズは一九四六年三月六日、米内大将と会って大略次のようなことを言っている。

「連合国軍の占領政策について、天皇の協力が必要だが、ソ連、英米において天皇を戦犯として裁くべきだという主張が強い。それに対する策としては、日本人の方から天皇は罪がないことを立証してくれることが好都合だ。そのためには近く開かれる裁判で東条に全責任を負わせることだ。すなわち東条に、『開戦前の御前会議においてたとえ天皇が対米戦争に反対であっても自分は強引に戦争まで持っていくつもりであった』と言わせてもらいたい」

それに対して米内大将は、「東条と嶋田元海相に全責任を負わせることが天皇を無罪にする最善の方法」であると賛成した。

ボナー・フェラーズは天皇を免責にすることは、占領政策を円滑にするために是非とも必要なことだと考えていた。天皇を東京裁判の被告にしたり、証人として喚問したりしないように、最初から免責となるための弁明を天皇自身にさせるために天皇に「独白録」を作らせたのだ。そのフェラーズの意を天皇に伝えたのが寺崎だったのだろう。それで、天皇が「独白録」を作る際に、重臣たちの他に寺崎も同席していたことの理由がわかる。もし、単なる回顧録を作るためだったら、通訳が主な仕事である御用掛の寺崎がそこにいる理由がない。
重要なのは、英語版の冒頭に、「一九四五年八月一五日に、すなわち日本本土が侵攻を受ける前に、戦争を終わらせる力が天皇にあったのであれば、そもそもなぜ天皇は戦争開始の許可を下したのか、という疑問が生じる。この疑問を解明するには、一九二七年にさかのぼり、軍国主義者たちと天皇がどのような関係にあったのか、天皇自身に回想してもらうことが必要である」と書かれていることだ（『昭和天皇二つの「独白録」』197頁）
その要求通り、天皇は、「自分は専制君主ではなく、立憲君主なのだから、開戦の際東条内閣の決定を裁可したのはやむを得ないことであるし、もし、拒否していたら、内乱が起こって、自分自身も殺されるか誘拐されるかしたかもしれない。その結果日本は滅びていただろう」という弁明をした。
これが、フェラーズとマッカーサーの欲しかったものだった。天皇を免責し、裁判の被告人にしないですむ弁明を本人の口から手に入れたし、その後、東京裁判の席で、東条は、「天皇は、私の進言によってしぶしぶ（開戦に）ご同意になったというのが事実でしょう」と証言して天皇の戦争責任をかぶり、マッカーサーとフェラーズの、天皇を戦犯として訴追しないという希望は通ったのである。

天皇美談をくつがえす側近の日記

さて、ここで、問題になってくるのは、漫画にも取り上げたが、マッカーサーがその『回顧録』に、一九四五年九月二七日に天皇がマッカーサーに会いにきて「私は、戦争中に決定されたすべての政治的、軍事的決定と我が国民がおかした行為について全責任を負う者として、貴下が代表する連合国の判断に私自身をゆだねるために、ここに参りました」と言い、それに対してマッカーサーが感動した、と記していること。また、その後皇太子の教育にあたったバイニング夫人はその日記に、マッカーサーから聞いたこととして天皇が「私をどのようにしてもかまわない。私はそれを受け入れる。絞首刑にされても構わない（You may hang me）」と言った、と記していることだ（『中日新聞』一九八七年一〇月三日より）。

この話は最高の天皇美談となり、多くの天皇崇拝主義者は、マッカーサーに対してそこまで言った天皇は日本人全体にとって慈父のような存在であり、天皇の戦争責任など全く問題ではない、と言う。

しかし、天皇は、本当にマッカーサーにそんなことを言ったのだろうか。この件に関してはいろいろな人が調べているが、会見の時に通訳をした奥村勝蔵の書いた「マッカーサー元帥トノ会見録」という文書を、作家の児島襄が『文藝春秋』一九七五年一一月号に発表している。その「会見録」には、天皇がマッカーサーにそんなことを言ったとは記録されていないのである。

さらに、戦前戦後を通じて天皇の側近を務めた木戸幸一の残した日記を見ると、天皇がマッカーサーを訪問した翌々日、九月二九日に、次のような記述がある。

「(天皇は)天皇に対する米国側の論調につき頗《すこぶ》る遺憾に思召され、之に対し頬被りで行くと云ふも一つの行方なるが、又更に自分の真意を新聞記者を通して明にするか或はマ元帥に話すと云ふことも考へらる、が如何、との御下問あり」(『木戸幸一日記下巻』東京大学出版会 1238頁)

(ここで言われている「米国側の論調」というのは、たとえば、武田清子『天皇観の相剋』〈岩波書店〉21頁に、一九四五年六月二九日『ワシントン・ポスト』紙が報じたギャラップ世論調査の結果として「天皇を死刑にしろというもの三三%、裁判で決定というものが一七%、終身刑にしろというものが一一%」などと紹介されているが、そのような天皇に対しての厳しい論調のことを言っているのだろう。)

木戸はそれに対して、「弁明すればする程当方の希望に反し邪道に入るの虞《おそ》れあり」、したがって、「御憤懣《ふんまん》は充分御察し申上るところなるが」ここのところは隠忍して沈黙していた方が良い、と答えるのだが、その後も、天皇は木戸に対して「自分はファシズムを信奉していない」とか、「こんなことになったのも自分があまりに立憲君主的に振る舞ったからだ」とか延々と言い訳と愚痴をこぼし続けるのである。「頗る遺憾に思召され」や、「御憤懣」などの言葉に、天皇がかなり気持ちを高ぶらせていることがわかる。

問題は、ここで天皇は「マッカーサー元帥に話す」と言っているが、一体マッカーサーに何を話したかったのかということだ。それは、木戸の言葉通り「米国側の論調」に対する「弁明」でしかあるまい。

であれば、これほど、激しくマッカーサーに対して弁明したがっている人間が、二日前には同じマッカーサーに「すべての責任を取る」とか「絞首刑にされても構わない」などと言った、といわれても信じるのは無理というものだ。「You may hang me」と本当に言った人間であれば、アメリカの論調がどんなに厳しくても、「頗る遺憾に思召され」たり「御憤懣」を表したりせず、従容《しょうよう》としてそれを受けるはずである。

しかも、漫画にも書いてあるが、一九七五年の「戦争責任などというのは言葉のアヤ」発言があった。いくら三〇年も後とはいえ、マッカーサーにそれだけのことを言った同じ人間が、そのような重大な質問に対して人をはぐらかすような答弁をするだろうか。

さらに、この「独白録」によって、そうした天皇美談はもはや成り立つ余地がなくなった。「独白録」には、自らの弁明だけでなく、部下に対する個人的な好き嫌いも交えた厳しい人間批評も含まれている。天皇自身三国同盟に反対だったことを強調するためなのか、三国同盟を結んだ松岡洋右外相について「恐らくは『ヒトラー』に買収でもされたのではないかと思はれる」（『昭和天皇独白録』56頁）などと、これが一国の君主の言うことかと啞然《あぜん》とせざるを得ない極端なことを言っているのだ。そのような弁明書を作る人間が、同じ時期にどうして「You may hang me」などと言うはずがあるだろうか。

ではなぜマッカーサーはそのようなことを『回顧録』に記したのか。それについては、大統領選出馬を考えるほど野心家であり、自己顕示欲が強かったマッカーサーが、連合国軍最高司令官としての自分の業績を劇的に見せるためだったのではないか、という説が有力である。占領政策のために天皇を訴追しなかったことに対する批判をかわす目的で、天皇に同情を引く浪花節《なにわぶし》的な話を作ったのだろう。

昭和天皇は「平和主義者」だった?

いずれにせよ、この天皇の弁明は通って、戦犯として訴追されることもなかった。そして、「天皇自身は平和を求めたのだが、軍部が天皇の意志を無視して戦争に導いた」という説が広く行きわたった。天皇自身、その説を補強した。一九八五年四月に日本の記者たちとの会見の場で、記者の一人が、一九四五年九月六日の御前会議の席上で昭和天皇が、明治天皇の作った「四方の海みなはらからと思ふ世になど波風の立ちさはぐらむ」という和歌を引用したことについて質問したのに対して、天皇は「その時の御前会議でありますが、会議の議題の第一義に戦争準備をすることが掲げられ、また、次に平和のための努力ということになっていましたが、私は、平和努力というものが第一義になることを望んでいたので、その明治天皇の御歌を引用したのです」と答えている（高橋紘『陛下、お尋ね申し上げます』文春文庫より）。これによって、天皇は、自分では戦争を望まなかった「平和主義者」であるという印象が強まった。

だが、この、九月六日の御前会議は日本の運命を決めた重要な会議であって、その会議では、簡単にまとめると「日本は対米（英蘭）との戦争準備を一○月下旬をめどに完整する」「戦争準備と平行して、米・英に対して外交手段をもって日本の要求貫徹に努める」「外交交渉が一○月上旬までにうまくいかない場合には直ちに対米（英蘭）開戦を決意する」という「帝国国策遂行要領」を決めたのである。ところが、ここで言うところの、「日本の要求」というのは、「日本が中国でしていることに対して、米英が余計な口出しをしたり妨害しないこと」というのだから、米英が呑《の》むはずはなく、ここで「帝国国策遂行要領」を決めたことは英米との開戦を決定したことと同じ意味を持つ。

そのような重大な御前会議で、昭和天皇がもし本当に戦争に反対であったなら、どうしてそんな明治天皇の歌をよむような曖昧なことをせずに一言、「朕は戦争はのぞまぬ」と言わなかったのだろう。はっきりそう言ってこそ、「平和主義者」だったと認めることができるのだ。

第一、それまでの天皇の一連の言動を見れば、その時に明治天皇の歌をよんでも、天皇が平和主義者で本心から戦争を望んでいなかったと思うのは難しい。

この御前会議以前の一九三一年、関東軍が中央に無断で柳条湖で南満州鉄道の線路を爆破し、それを中国軍の仕掛けたこととして攻撃を始めた満州事変については、関東軍幹部が天皇の意志によらず勝手に兵を動かした明らかな統帥権の干犯だったので、天皇は最初喜ばなかった。が、うまくいったとなると、天皇は関東軍に「勇戦力闘」を称える勅語を与えた。その内容は「（前略）勇戦力闘以テ其禍根ヲ抜キテ皇軍ノ威武ヲ中外ニ宣揚セリ朕深ク其忠烈ヲ嘉《ヨミ》ス（後略）」というものだ。そもそも、この満州事変が泥沼の日中十五年戦争の始まりであり、満州占領、満州国建国という、一連の中国侵略政策に米英が反対したことから、太平洋戦争へとなだれ込んでいったのだ。その破滅への大きな一歩であった満州事変を、それも謀略をもって他国を侵略するという一番汚い手を使ったのに、このように称える人間をどうして平和主義者だと言えるだろうか。

　しかも、軍が天皇には無断で勝手にしたことでもうまくいけばほめられる、という前例がこれによってできてしまった。これでは、天皇がはっきり戦争はやめると言わない限り、それまでの慣例から、戦争がうまくいけばまたほめてもらえると軍の指導者たちが考えるのは当然だ。だから、重臣たちは明治天皇の歌を聞いても恐れ入るだけで、戦争をやめようとはせず、どんどん事を進めていったのだ。

　さらに、天皇がいやいや開戦の決定を裁可したとはとても思えぬ証拠がある。一九四二年二月一五日、日本軍はシンガポールを陥落させたが、その翌日二月一六日の『木戸幸一日記』には、

「シンガポールの陥落につき祝辞を言上す。陛下にはシンガポールの陥落を聴し召され天機殊の外麗しく、次々に赫々たる戦果の挙がるについても、木戸には度々云ふ様だけれど、全く最初に慎重に充分研究したからだとつくづく思ふとの仰せり。真に感泣す」

とある。

　いやいや開戦の決定を裁可した人間が機嫌よく「全く最初に充分研究したからだ」などと言うだろうか。「独白録」の結論、「開戦の決定を裁可したのは立憲君主としてやむを得ぬことである」というのは、弁明のための弁明でしかないことがこれ一つをとってもわかる。

天皇は「囚人同然」だった?

　英語版の「独白録」の中では、「御前会議とはおかしなものである。（中略）天皇はといえば、そこに座って全員一致の議決を聞き、出席者たちと写真に収まる。見かけはまことに厳粛だが、すべては民衆の目をごまかすための単なる茶番に過ぎない」とか、「私が天皇として〔開戦の議決に対し〕拒否権を行使していたら、恐ろしい混乱が生じたかもしれ

ない。私の信頼する周囲の者は殺されたであろうし、私自身も殺されるか誘拐されるかしたかもしれない。実際、私は囚人同然で無力だった。私が開戦に反対しても、それが宮城外の人々に知られることは決してなかっただろう。ついには凶暴な戦争が展開され、私が何をしようと、その戦いを止めさせることは全くできないという始末になったであろう」(『二つの「独白録」』205~206頁)などと言っている。

「囚人同然」とはよくも言ったりで、これではまるで天皇は部下の言うなりのロボットみたいに聞こえるが、実はそうではない。

たとえば、二・二六事件の時、陸軍大臣川島義之や侍従武官長本庄繁は、「叛乱《はんらん》将校たちは天皇と国を思って行動を起こしたものであり、必ずしもとがめるべきでない」などと叛乱将校の行動を容認し、天皇にも、叛乱将校たちを「暴徒」と言わないでもらいたいと言った。すると天皇は「朕の命令に出ざるに勝手に朕の軍隊を動かしたということは、その名目がどうであろうとも、朕の軍隊ではない」と言い、さらに、陸軍上層部が叛乱部隊を鎮圧しようとしないのを見て怒り、「朕自ら近衛師団を率い、これが鎮定に当たらん」とまで言った。この天皇の断固として厳しい態度を見て、陸軍首脳は叛乱を鎮圧した。叛乱将校たちに肩入れをしている陸軍首脳の抵抗を押し切って、天皇は鎮圧を断行させたのである。

また、一九三九年に阿部信行内閣が成立したときには、天皇は「板垣系の有末〔精三〕軍務課長を追払ふ必要があつたので、私は梅津〔美治郎〕又は侍従武官長の畑〔俊六〕を陸軍(大臣——引用者注)に据ゑる事を阿部に命じた」(『昭和天皇独白録』45頁)と言っている。天皇は、一軍務課長のことまで目を光らせていて、その人間を追い払うために、陸軍大臣の人選まで命令している。

さまざまな記録に残っている天皇の言動を見ると、「囚人同然」どころか、自分で納得しない限り裁可を与えない厳しさを持っていたことがわかる。

熟慮した末の開戦決定

昭和天皇の言い方だと、天皇は内閣や補弼《ほひつ》する者たちの言うことをそのまま裁可したようになっているが、どんなことでも機械的に裁可したのではない。裁可の前に、「内奏」といって、政府の方から非公式に天皇に対して伺いをたてる。それに対して天皇が「ご内意」といって、やはり非公式に自分の意見を伝える。「内奏」の結果、天皇が賛成の「ご内意」を与えれば、政府は正式に「裁可」を願い出て、天皇は裁可する。逆に、天皇の意見「ご内意」に政府側が従えないときは、大臣でも首相でも、辞職するしかない。

戦争末期、一九四五年三月、小磯内閣の時に、蔣介石政権の国防長・何応欽《かおうきん》とつながっている繆斌《みょうひん》という男が東京に来て日本と中国の和平工作を申し出たのを、小磯国昭首相はまともに相手にしようとしたが、天皇は「一国の首相ともある者が、素状《ママ》の判らぬ繆斌と云ふ男に、日支和平問題に付て、かゝり合はうとした」と言って反対し、「この件に付ては（中略）小磯を呼んでかゝる男と交渉する事は困ると云つてやつた。（中略）小磯も繆斌との交渉を打切る決心をした」（『昭和天皇独白録』106～107頁）と言っている。こうなると「ご内意」などというものではない。強硬な命令だ。「囚人」にこんなことができるというのか。

さらに、一九四一年一一月五日、東条内閣は一二月初頭に米英に対して武力発動を決めた「帝国国策遂行要領」を翌日天皇に上奏して裁可されたが、その後、天皇は不安になったらしく、『木戸幸一日記』一九四一年一一月二六日の項には、「（対米英開戦について）愈々最後の決意をなすに就ては尚一度広く重臣を会して意見を徴しては如何かと思ふ、就ては右の気持を東條に話て見たいと思ふが、どうであらうかと御下問あり」という記述がある。

それに対する木戸のすすめによって、一一月二九日、天皇は、若槻、岡田、平沼、近衛、米内、広田、林など重臣たちを呼んで、対米英開戦についての意見を聞きとった。いったん上奏を裁可した後になってまで、もう一度確かめるために重臣を呼ぶのである。それで、裁可を取り消さないのだから、天皇は自分でも納得して戦争を決めたことになる。

また、『木戸幸一日記』一一月三〇日には、高松宮がやってきて、高松宮が海軍側の説明をして帰った後、「海軍は手一杯で、出来るなれば日米の戦争は避けたい様な気持だが、一体どうなのだらうかね、との御尋ねあり」との記述がある。再び木戸のすすめで、東条首相、海軍大臣、軍令部総長を呼んで、天皇は話を聞く。その結果天皇は「海軍大臣、総長に、先程の件を尋ねたるに、何れも相当の確信を以て奉答せる故、予定の通り進むる様首相に伝へよ」と言っている。

ここまで重臣たちを呼びつけて意見を聞いて熟慮を重ねて、なにが「囚人」だろう。

こうして、一二月八日開戦のぎりぎりまで、天皇は「囚人」としてではなく、立憲君主の枠を越えて主体的に行動し、自ら熟慮の挙げ句、開戦を決意したのである。

昭和天皇は「立憲君主だから、内閣の決めたことは裁可せざるを得ない」と言っているが、自分の意志に反して開戦の決定を裁可したのではない。天皇は、重臣や軍部の意見をいろいろ聞いて(研究して)、十分納得してから裁可しているのだ。

アジアへの罪悪感は欠如

もう一つ、「独白録」を読んで気がつくことは、米英に対しては弁明をするが、中国・朝鮮を始めアジア各国に対しては全く弁明がないことだ。たとえば、『昭和天皇独白録』35頁には「日支関係は正に一触即発の状況であつたから私は何とかして、蔣介石と妥協しよーと思ひ、杉山〔元〕陸軍大臣と閑院宮参謀総長とを呼んだ。(中略)若し陸軍の意見が私と同じであるならば、近衛〔文麿〕に話して、蔣介石と妥協させる考であつた。これは満洲は田舎であるから事件が起つても大した事はないが、天津北京で起ると必ず英米の干渉が非道くなり彼我衝突の虞があると思つたからである」と言っている。

この天皇の本心は恐ろしい。天皇は謀略で満州を手に入れたことを全く悪いことをしたとは思っていず、「満州は田舎だから事件が起こっても大したことはない」と言っている。中国を侵略することも悪いこととは思っていない。蔣介石と妥協しようと思ったのも「英米の干渉が非道くな」るからである。英米の干渉がなかったら、蔣介石と妥協する気も起こさなかっただろう。

要するに、昭和天皇には倫理観念が全く欠如している。アジア各国に対して全く罪悪感を欠いているのだ。満州事変、支那事変以来、日本軍が侵略を広げていっても、戦争に勝ってさえいれば文句を言うこともなかった。中国を侵略し、多くの中国人を殺すことが倫理に反しているとは感じなかった。

対英米開戦を決定した「帝国国策遂行要領」では、その当時独立国であったタイと同盟して、マレー・

シンガポールを奇襲攻撃するための基地を作ることにしていたが、天皇は「タイに対する外交交渉は大義名分から言えば早くするを可とし、また軍の奇襲からは遅い方がよいと思うがどうかね」と杉山参謀総長に尋ねているのだ。要するに、タイとの交渉を早く始めると、こちらが奇襲しようとしていることがマレー・シンガポールに気づかれてしまうから、あまり早く交渉を始めてはまずいだろうと言っているのだ。

第二次大戦開始の時点で他国の植民地になっていなかったアジアの国は日本とタイだけだった。そのタイにマレー・シンガポール攻略の基地を作ってしまおうというのである。そして、実際に日本軍のしたことはタイ国の同意なしに、タイの領地に軍隊を進駐させ、タイの南部を占領し、そこを基地にしてマレー半島に奇襲攻撃をかけていったのである。天皇がこのような細かな作戦にまで口を出していることにも驚くが、天皇がタイ国の人間を犠牲にすることに全く痛痒《つうよう》を感じなかったことには驚きを通り越して恐怖を覚える。昭和天皇は、満州事変から一貫してアジアの人々を虐げることに対して一切の罪悪感を抱いていないのである。

そして、天皇は、この倫理観の欠如の結果なのか、「日和見主義」「ご都合主義」に身を任せていた。「満州事変」の際、最初は関東軍が勝手に軍を動かしたと怒っておきながら、それがうまくいくと、関東軍をほめる「勅語」を与える。御前会議の席で明治天皇の歌をよんで平和を求めるような態度を示しておきながら、緒戦にインドネシア、ビルマと勝ち進むと、『木戸幸一日記』の一九四二年三月九日の項に記されているように、「余り戦果が早く挙り過ぎるよ」と喜んでみせたりする。

天皇個人を責めても意味はない

私が今まで挙げたのは、昭和天皇のしてきたことのほんの一部である。天皇が自ら関わったことはここにはとうてい書ききれない。

そもそも、明治憲法下では、日本を統治するのは天皇であり、天皇は神聖にして侵すべからざる権威を持ち、軍隊の統帥権は天皇だけが持つ、とされていた。しかも、「教育勅語」などで国民は天皇に忠誠を尽くすことを要求され、天皇に心まで支配されていた。軍隊も、国民も、この国の一切がっさいは天皇が支配するところのものだったのだ。天皇は最高の権力者であり、同時に最高の精神的な権威をも持っていた。天皇の命令なくして戦争はできなかった。

そのような形式的なことに加えて、これまで見てきたように、天皇自身、天皇が弁明するところとは全く反対に、戦争の計画と実行に具体的に深く関わっていた。

であれば、いかに論を曲げても天皇の戦争責任は否定できない。昭和天皇は個人的に戦争責任があることは明らかである。天皇が東京裁判で訴追されなかったのは、アメリカが日本における占領政策を効率的に行うための政治的な配慮によるものであることは、先に示した通りであって、天皇に戦争責任がない証明にはならない。

ではあるが、この、天皇の戦争責任を昭和天皇裕仁個人に帰してしまっては、物事の本質がつかめなくなる。天皇が裕仁でなく別の人間だったらよかったのか、ということになってしまうからである。事の本質は、「近代天皇制」という構造にあるのだ。

確かに、昭和天皇は他国を侵略することに対する倫理観念がなかったし、「日和見主義」「ご都合主義」という人間的弱点を持っていた。だが、あの「近代天皇制」の下で天皇と生まれ、天皇として育てられたら、どんな人間でも、昭和天皇のような人間にならざるを得なかっただろう。「近代天皇制」の枠組みの中では誰が天皇になろうとも、昭和天皇と同じ道を歩むしかなかったのだ。

「近代天皇制」を自分たちで作った伊藤博文らは、明治天皇に対しても心底恐れ入っていたわけではないから、天皇を天皇としての努力が足りないと叱ったり、天皇の前で泥酔して寝込んだり、勝手なことができたが、昭和天皇の時代になると、日本中すみずみに「近代天皇制」教育がしみわたっていて、将軍でも政府高官でも天皇の前に出るとやたらと恐縮し、ありがたがる。そのような環境で教育されれば、「教育勅語」と「軍人勅諭」で示された天皇像を体現するように行動するのは当然のことだろう。昭和天皇には他の生き方が選択できるはずはなかった。

したがって、昭和天皇に個人的な戦争責任があることは前述の通りだが、であれば、本当に責任があるのは「近代天皇制」である。

過去の戦争責任から自由になるには

私が、本当に言いたいことはここからだ。では、現在の「象徴天皇制」は「近代天皇制」から完全に切れたものなのだろうか。ドイツではヒトラーが消えると、ナチスは消滅した。しかし、日本の場合、戦争に負けた後も、昭和天皇はその地位にとどまり続け、その息子が天皇の地位を受け継いでいる。形の上では切れてはいない。

一九九三年八月一〇日、細川首相が首相就任後の記者会見で、「先の戦争は侵略戦争であった」と発言すると、自民党の議員たちが昭和天皇が対米英に対して出した「宣戦の詔書」を持ち出して、細川首相の言葉は「畏くも昭和天皇の御言葉を虚偽の内容として真っ向から否定して皇室の尊厳を傷つける……」として攻撃した。すると、細川首相はその圧力に屈して、「侵略行為や植民地支配などが多くの人々に対して耐えがたい苦しみと悲しみをもたらした」と言いかえた。戦争自体は侵略戦争ではなく、その戦争中に侵略的行為もあったというのでは、意味がまるで違ってくる。

このように多くの日本人が、「大東亜戦争は自存自衛の戦い、アジア解放の戦い」と公言してはばからないのは、いまだに「近代天皇制」が日本人の心を支配しているからである。「象徴天皇制」と衣替えをしても、「近代天皇制」は一切の断絶がなく存在し続けていると多くの人々は感じているのだ。昭和天皇が退位でもして新しい天皇によって始められたのならともかく、昭和天皇が始めた「象徴天皇制」であるから、「近代天皇制」とは全く別のものと考えがたいのは当然だろう。

形の上で切れていない上に、日本人の心に与える影響が変わっていないとなれば、「象徴天皇制」は「近代天皇制」の核心を受け継いでいることになる。昭和天皇をあのように行動させた「近代天皇制」に戦争責任があるならば、それと断絶していない現在の「象徴天皇制」の存在を安易に考えることはできない。天皇個人は誰であろうと、「天皇制」という枠組みがある限りは、日本人は過去の戦争責任から自由になれないし、また、同じ方向に進むかもしれない。天皇の戦争責任を追及しても、「天皇制」の枠組みをそのままにしておいたのではなんの意味もないのである。

第7章

天皇制の未来

戦前の写真、ではない（1976年）。日本人が天皇制の呪縛から解き放たれる日は来るのだろうか。

さち子 パス パス

やったーッ!
ちきしょうーっ!
やられたわ
本当の試合でも相手のディフェンスがいなかったら楽なんだけどな
もしそうなら点は取り放題ね
よし さあもう一度だ こんなサッカーでも何もしないよりはいい
そうともサッカーってのはどんな形でやっても楽しいものなんだ
ボム
行くわよっ!
ポーン
もらった!

！
え！
にや
にや
おい
長井
お前
澄川　坂本
ずるい
じゃないか
自分たち
だけで
楽しむ
なんてさ
いや
しかしおれたちは
東塔大学
サッカー部を
追放された
んだから
君がー代はー
何だよ
サッカー部を
追放されたら
おれたちと友人じゃ
なくなるってのか
澄川
両名を除名す
馬鹿言え
だけどおれたちが
お前たちと
付き合ったりしたら
お前たちに
迷惑がかかる
じゃないか
へえぇ
迷惑
だって
みろよ

こ
これは
チームの連中じゃないか
ぞろぞろ
ぞろぞろ
おい早く着替えてこいよ
おれたちの新しいユニフォームだぜ
チームの名前はまだ決まっていないが澄川と坂本の背番号は以前通りのものを付けておいた
おい
いったいこれはどういうことだ
こんなことをするとお前たちも東塔大学のサッカー部から追放されるぞ

澄川　坂本
おれたちはサッカーを
楽しみたいからサッカー部に入った
ところが最近のサッカー部は
サッカーを楽しめない雰囲気に
なってしまった
澄川と坂本が
追放されて以来　北上先輩と
その取り巻き連中は
おれたちが澄川と坂本の
後を追うんじゃないかと
疑心暗鬼の虜《とりこ》になって
おれたちの日常生活まで
厳しく締めつけはじめたんだ
合宿所では
毎朝整列
させられて
日の丸掲揚をして
君が代を
歌うんだ
千代に～
八千代に～
さざれ～
うは
そこまで
やるか
やはり
天皇制は
日本人を
縛りつけるのに
役に立つ
道具なんだな
それが
逆効果でさ
おれたち
つくづく
嫌になって
しまったんだ
君が代・
日の丸の強制が
逆にみんなに
嫌気を
起こさせて
しまったのか
北上先輩たちの
やり方は
これから先の
時代には
通用しない
天皇制の
未来を
象徴している
みたいだな

おれたち東塔大学サッカー部とは無関係のチームを作ろうと決めたんだ
東塔大学サッカー部と無関係のチーム
そいつは豪儀《ごうぎ》じゃないか
わぁ！
すごいわ
本当のサッカーができるわ
しかし喜んでばかりはいられない厳しい戦いが始まるぞ

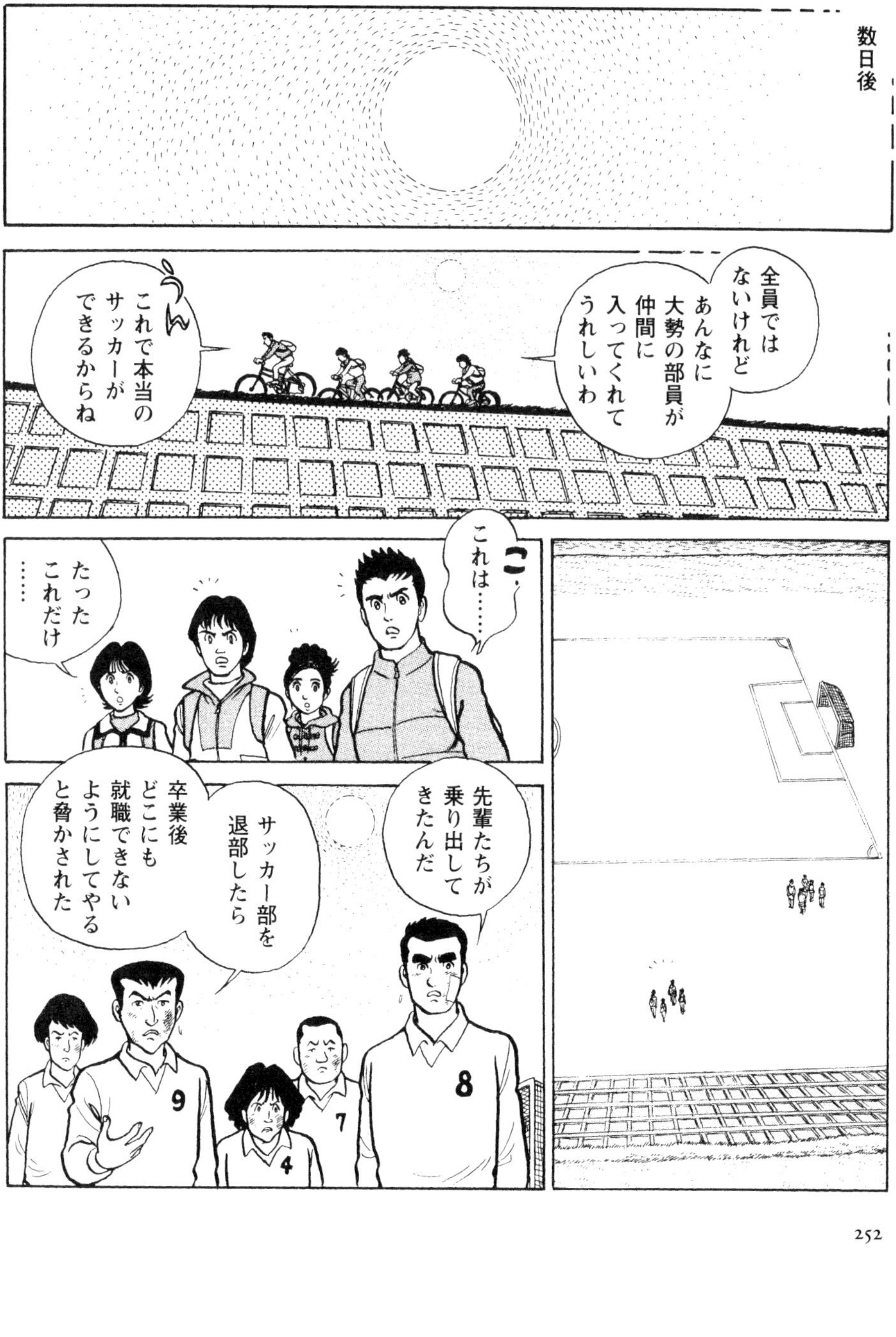
数日後
全員ではないけれどあんなに大勢の部員が仲間に入ってくれてうれしいわ
うん
これで本当のサッカーができるからね
こ、これは……
たったこれだけ……
先輩たちが乗り出してきたんだ
サッカー部を退部したら
卒業後どこにも就職できないようにしてやると脅かされた

両親や親戚にまで脅しをかけてきたんだ
その顔の傷は
先輩たちは学内の暴力学生たちを連れてやってきた
北上先輩に逆らうとどうなるか体で教えてくれたわけだ
なんてことだ
暴力で押さえつけ就職できないようにすると脅迫するなんて
独裁者が恐怖政治をしいているどこかの国みたいだわ
結局残ったのはこれだけだ
他の者はみんなサッカー部に戻ったよ
それでもこれだけ
おれたちと一緒に残ってくれたなんてすごいよ
おれたちは自由にやりたいんだ
先輩たちの命令通りに動くなんてまっぴらだ

理由もないのに北上先輩を尊敬するなんていやだもん
就職なんか自力でやっていくさ
そうさ自力本位だよ
今はこれだけの数だけど楽しくサッカーをやっていれば仲間はどんどん増える
そうだ楽しくやろうぜ
あ。沢西先輩
どうしてここに
腹を割ってお前たちと話したい時間をくれないか

澄川　坂本
お前たちに
サッカー部に
戻ってきて
もらいたいんだ
でも
おれたちは
サッカー部を
追放された
んですよ
その点は
心配ない
私が
先輩たちに
了承させる
先輩方が
暴力で
脅しをかけ
いったん
サッカー部を離れた
部員たちを
連れ戻したことは
どう説明
されるのですか
長井　松田
それに
ここにいる
連中を見て
ください
暴力を
ふるわれた
んですよ
たしかに
先輩たちの
熱心さが
行き過ぎた
面もあることは
認める

熱心さが行き過ぎた！
冗談じゃない！
たしかに熱心に就職を妨害すると脅迫したり殴ったりしてくれましたよ
そんなの単にみんなを先輩たちに従わせるための熱心さだわ
みんなの人格を無視しているわ
む……
おれたちは理由もなく北上先輩を敬って
北上先輩を頂点とする上下関係で部全体を締めつける
今の東塔大学サッカー部の運営の仕方が承伏できません

子どもみたいなことを言うんじゃないよ
北上先輩を敬う理由なんかどうでもいいじゃないか
北上先輩でも誰でもいいかついでおけばいいんだよ
ただ北上先輩は家柄が良いからかつぐのに格好がつく
どうでもいい？
誰でもいいからかつげばよい！
北上先輩は家柄が良いから格好がつく……
そうさ
かつぐことで北上先輩の権威を高め
みんながその権威に従えば組織はうまく動いていく
家柄の良い者をかついで権威を付ける
そしてその権威に皆を従わせるここにも天皇制があった！

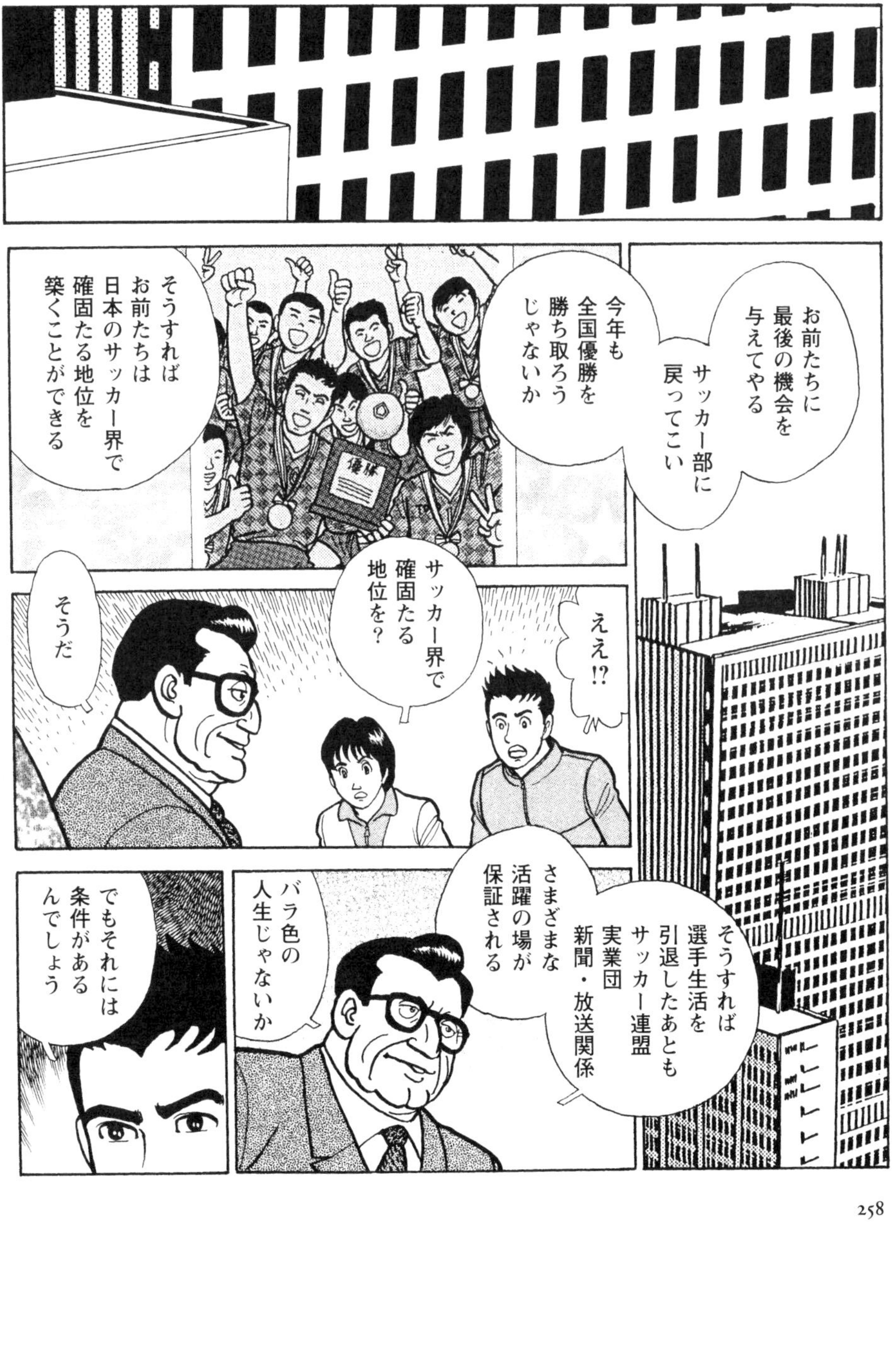

お前たちに最後の機会を与えてやる
サッカー部に戻ってこい
今年も全国優勝を勝ち取ろうじゃないか
そうすればお前たちは日本のサッカー界で確固たる地位を築くことができる
ええ!?
サッカー界で確固たる地位を？
そうだ
そうすれば選手生活を引退したあともサッカー連盟実業団新聞・放送関係さまざまな活躍の場が保証される
バラ色の人生じゃないか
でもそれには条件があるんでしょう

北上先輩をはじめわれわれ先輩を親と思えよ
悪いようにはしない
人間関係には秩序が必要だ家族的な上下関係を大事にするのは日本の誇るべき伝統だ
日本が発展したのは家族的な上下関係で社会秩序がうまく保たれてきたからだ
それは先輩たちの言うなりになれということですね
北上先輩を頂点とする上下関係に従えということですね
天皇をかついで力を振るった愚かな指導者に対しても
下の者は絶対に従わなければならなかった
その上下関係のせいで日本は戦争に負けたんじゃありませんか
なに！
上の者が下の者を締めつける
この上下関係がなかったら日本はもっと発展していましたよ

お前たち考え方が偏向しているな
そんな考え方は改めないとこの社会で生きていけないぞ
どう改めるんですか
和《わ》だよ
和
皆で北上先輩を敬って家族同様の和を保つのだ
和をもって尊しとなすだ
もう結構です
和なんてものは支配する側に便利な道具でしかありません
理由もないのにある人間を敬う
その人間を頂点とした上下関係に従う
そうやって個人を縛りつけるものを日本では和と言うんじゃありませんか
そんな和なんてものに人間同士の心は通い合っていませんよ
仲間外れになると損をするから怖いから和を保っているだけでしょう
それが日本の和でしょう
き
貴様ら!

おれは敬う理由のない人間を敬うのを強制されるのはいやだ
敬う理由があってもその人間を頂点にした上下関係に従属するのはいやだ
和なんて言って それは組織を乱すなということでしょう 組織を守るためには自分が正しいと思っていることを主張してはいけないのよね
それが和というものでしょう
バタン！
そんな和は付和雷同の和ですよ
人間としての誇りを失うだけだ
そんな和から外れたら飢え死にするというならそれでも構わない

国体の本義●一九三七年、文部省が編纂し全国の学校や官庁、団体に配布した、戦時下における国民教育の方針を示す刊行物。記紀の天地開闢《かいびゃく》神話などをよりどころに「日本は皇室を宗家とする〈一大家族国家〉である」と規定して、天皇への絶対随順を説いた。さらに社会主義や自由主義だけでなく個人主義も排撃し、イデオロギーの強制を鮮明にしている。当初は三〇万部だったが、上級学校入試や就職試験の必読書とされ、四二年四月までに一〇三万部を出版した。

天皇であれ誰であれ他人に勝手に赤ん坊扱いされて可愛がられるなんて
人格を無視されたみたいで不愉快よ
パチ パチ
北上先輩や沢西先輩は今の日本を動かしている人たちだ
その人たちの意識は戦前の近代天皇制の意識そのままだ
天皇制は日本人の心に深く根ざしているんだな
課
てんしさまをたふとむべし。
問題は日本人の精神構造が天皇制を受け入れるようにできているのか
近代天皇制が日本人の精神構造をそこまで作りあげたかだよな
天皇制は私たち自身の心の問題だって言うの？
天皇制を考えることはまさにわれわれの心のあり方を問うことじゃないか

岡原理事長から
お借りしたこの本
『『天皇制』論集』
（久野収・神島二郎編／三一書房）
の中に
竹内好《たけうちよしみ》の
「権力と芸術」
（初出／講座『現代芸術』V
勁草書房所収）
という論文がある
この論文の
終わりのほうで
こう言っている
「一木一草に
天皇制がある。
われわれの
皮膚感覚に
天皇制がある」
日本には
一木一草に
いたるまで
天皇制が
染みついて
いると言う
のか！
われわれの
皮膚感覚に
天皇制が
ある！
サッカー部の
先輩たちを
見ると
その言葉に
実感があるわ
さらに
その前に
こうも
書いている
「天皇制の
把握の困難さは、
権力が権力として
現象しないことに
かかっている。
権力がむき出しの
形であれば、
それに立ち向う
ことはできるが、
やんわり
空気のように
充満しているものに
抵抗はできない」

竹内好●一九一〇～七七。長野県生まれ。東大支那文学科を卒業後、武田泰淳らと中国文学研究会を結成。日本における現代中国文学研究の先駆者として活躍し、四四年に刊行された評伝『魯迅《ろじん》』は戦後の思想界に大きな反響を呼んだ。五三年都立大教授となるが、五九年から安保反対闘争に参加し、六〇年の強行採決に反対して都立大教授を辞職。著書に『中国を知るために』など。

ふう〜〜っ
沢西先輩の言った「和」というやつだよ
日本的な「和」というのはむき出しじゃなくてやんわりと空気のように充満しているけれど権力なんだよな
その通りだ「和」を乱すと集団から除外されるんだからな
今の憲法では天皇は「日本国民統合の象徴」という訳のわからない存在になっていて形としては何の権力も持っていないように思えるけれどその実　表立って天皇制に反対するとさまざまな社会的な圧力がかかるよね
うん 出版社に勤めている従兄《いとこ》から聞いたんだけど天皇制を批判するようなことをおおっぴらに口に出したり書いたりするような人は活躍の場を狭められていく
集学社
編集部

それも お前は反天皇制の 立場だからだめだと はっきり言わずに やんわりと排除 していくんだそうだ
本当に やんわりと 空気のように 充満している 権力なのね
日本の 社会って どこもそう じゃないのか
はっきりと した形ではなく やんわり 締めつけて くるよ
やんわり しているけれど それからは 逃れられない
おれの兄貴の 勤めている会社は 土日にスポーツ大会 とか親睦会を 会社の行事として やるんだよ
嫌だけど 欠席すると 協調性がないとか 上役から嫌みを 言われて 会社にいづらく なるんだって
日本の 会社員って 自分の会社の 批判は絶対に しないわね
愛社精神 というのとは また別なのよ
やんわりとした 締めつけを 常に感じていて 怖くて本当のことが 言えないのよ

外国では自分の会社の不正を内部告発する人が結構いるけれど
日本では内部告発なんかほとんどないのもそのせいね
なるほどなあ……
日本の社会を縛っている このやんわりとした締めつけの元は天皇制だったか
竹内好は「戦後、日本人ははじめて結社の自由を手にしたが、自主的集団の組織原理になっているものは、デモクラシーであるよりも天皇制である場合が多い」とも書いている
新人研修会
たは…
わが東塔大学サッカー部もまさにその通りじゃないか
東塔大学だけじゃないよ
他の大学のサッカー部も野球部も同じだ
いったいどうしてこうなるの
とにかく楽しくないわよね
こういう社会のあり方って

楽しくないね
おれたちが経験した今度のサッカー部の件だって考えれば考えるほど不愉快だよ
会社にしろ大学の運動部にしろ日本中がこんなふうだってことは何か　日本人に決定的な精神的欠陥があるのかな
たとえば葬式だってそれまでなんの付き合いもない寺の僧侶に訳のわからないお経を読んでもらってみんな神妙にうなだれている
そんなことはくだらないことだって皆わかっているでも　もしそういう儀式をしないとあそこの家はおかしいと後ろ指差されるのが怖さにせざるをえない
自分は自分だという自己の確立ができてないのね
でも自己を主張するとやんわりと締めつけられて社会から制裁を受けるんじゃ自己を押し殺すしかないわ

それが先輩がわれわれに求めていることなんだな
おれたちの未来を楽しいものにするためには
日本を自己をきちんと確立できる社会にしなければだめだと思う
自己を確立するというのはわがまま勝手を通すという意味じゃないわよね
もちろんさ
自己を確立することは他人の人格も尊重することだ
でも自己の確立を阻害する最大の要因である天皇制が
われわれ日本人に染みこんでいる
それを何とかしなければならないんだ

岡原
岡原理事長の家
なるほど「一木一草に天皇制がある」か
その文句は有名だが竹内好についてはひとこと言っておかねばなるまい
ここに『日本文学報国会――大東亜戦争下の文学者たち』（櫻本富雄著／青木書店）という本がある
第二次大戦中に政府主導の下に「日本文学報国会」という文学者の組織が作られ　軍部の進める侵略戦争を美化・宣伝し国民を戦争に駆りたてるために作家・詩人・評論家・劇作家など文学者が協力した
日本文学報国会！
そんなものがあったのですね
でもそんな組織に参加した文学者なんてほんのひと握りでしょう

日本文学報国会●内閣情報局の指導によってつくられた、文学者を戦争協力に動員する団体。一九四二年五月、徳富蘇《そ》峰《ほう》を会長に約三〇〇〇人の文学者が参加して結成された。会は小説・劇文学・評論随筆・詩・短歌・俳句・国文学・外国文学の八部門から成り、大東亜文学者大会の開催や『愛国百人一首』の選定など国策宣伝を推進した。指導的メンバーとして保田与重郎や中河与一、岸田国士《くにお》など。

ところが
そうじゃない
日本文学報国会に
正式に入会を
断ったのは
あの『大菩薩峠』で
有名な
中里介山ただ一人
あとはほとんどの
文学者が入会した
中里介山
ほとんどの
文学者が！
この本を読むと
戦後きれいごとを
言っている
文学者が
戦争中に
何を言っていたか
わかって
悲しくなる
たとえば
反戦詩人と
言われている
金子光晴は
こんな詩を
書いていた
「戦はねばならない
必然のために、
勝たねばならない
信念のために、
一そよぎの草も
動員されねばならないのだ。
ここにある時間も
刻々の対峙なのだ。
なんといふそれは
すさまじい壮観！」
（同書8～9頁）
信じられ
ないわ！
金子光晴は
いろいろ
反戦詩集を
出している
詩人だって
高校の文学史の
時間に教わったわ
金子光晴は
ビルマが日本の
支配の下に
独立したのを
祝う詩も
書いているよ
反戦詩集を
出したのは
戦後のことだ
なんて
ことだ……

金子光晴●一八九五～一九七五。愛知県生まれ。一九一九年処女詩集『赤土の家』を刊行後、ベルギーに旅行、フランス象徴詩に触発された詩集『こがね蟲《むし》』を完成。その後も東南アジアなど海外放浪の旅を続け、『マレー蘭印紀行』（四〇年）などの著書がある。文中の反戦詩集とは、戦時下発表を目的とせず書きためられ、戦後次々に刊行された詩集『落下傘』『蛾』『鬼の児の唄』など一連の作品のことをいう。

金子光晴だけじゃない
戦後活躍した多くの文学者が
八紘一宇《はっこういちう》だ　大東亜戦争は聖戦だ
などと正気とは思えないことを
書いたり言ったりしている
竹内好もその日本文学報国会の中国文学部の会員だったのよ
ええっ！
竹内好も！
ただ竹内好の名誉のために言っておくが
日本文学報国会が中国など
当時の日本の支配下にある
アジア各国から文学者を招いて
大東亜共栄圏を賛美する
ために開いた
「大東亜文学者大会」には
竹内好　武田泰淳《たけだたいじゅん》たち
「中国文学研究会」は
与《あずか》らないと
その機関誌ではっきり
表明しているそうだ
武田泰淳
竹内好
じゃ積極的に協力したんじゃないんだ
うむ

大東亜共栄圏●日本を盟主としたアジア支配を正当化するため、太平洋戦争勃発直後から唱えられたスローガン。一九四〇年八月一日、松岡洋右外相が「日満支をその一環とする大東亜共栄圏の確立をはかる」と発言したのが最初。日満支に加えて、東南アジア、インド、オセアニアの一部までもその範囲としていた。「共存共栄」をうたい、日本によるアジア解放の夢を掲げたが、結果的には一方的な収奪が行われただけであった。

軍部べったりだったくせに戦後になって
実は反戦派だったなどと言う人間に比べれば罪は浅いだろう
だがこの時のことがあったから竹内好は「一木一草に天皇制がある」という考えを抱くようになったのではないか
本来闘争的なものとは正反対の性格である文学者たちが次々と天皇を賛美し戦争に協力していく姿を目の前で見たからこそ
「一木一草に天皇制がある」と強く感じたんじゃないかしら
文学者たちまで総崩れになって戦争に協力したその姿は恐ろしい
文学者たちを縛ると同時に鼓舞したのは天皇の存在だ
天皇制が存在するかぎり必ずいつか同じようなことが起こるだろう
最近は第二次大戦は侵略戦争じゃなかったと賛美したりまるで戦争前と同じように日本人としての民族意識を高揚させせようとする人が増えているね
その大元を支えているのは天皇制だ

だからといって
天皇制打倒などと
空疎な
スローガンを
振り回しても
意味がない
今の天皇家を
廃絶したところで
「われわれの皮膚感覚に」
天皇制が残っていれば
新たなる天皇制が
生まれるだけだ
どうすれば
私たちは
天皇制から
自由になれる
のかしら
おいおい
それは
質問じゃない
答えだよ
えっ！
答え！
そうだ
天皇制から
自由になること
それが
これからの
われわれの
道じゃないか
そうか
どうすれば
天皇制から
自由になれるか
じゃない
私たちは
天皇制から
自由にならなきゃ
いけないのね
それには
憲法第一章
「天皇条項」を
このままに
しておいちゃ
だめだ
おれも
そう思う

天皇条項●日本国憲法第一章の天皇条項は、第一条から第八条まで。第一条で天皇の地位、第二条で皇位の継承を述べているわけだが、第三条以降は次のような内容となる。第三条で、天皇の国事行為に対する内閣の助言と承認を定め、第四条で天皇は国政に関する権能を有しない、とする。第五条は摂政について、第六条は天皇の任命権（内閣総理大臣と最高裁判所長官）、第七条で天皇の国事行為を列挙し、第八条で皇室の財産授受について定めている。

ワー
ワー
憲法から
天皇条項が
消えたとき
おれたちは
本当の自由を
つかむ第一歩を
踏み出すんだ
ワー
ワー
ワー
ワー
ワー
ワー
シュート！

天皇制から自由になるために我々は何をするべきか

象徴天皇制を廃止し、天皇を明治以前の姿に戻してやる。そのためには、憲法から天皇条項を削除することが必要だ。

「狂信」と「盲従」がまかりとおる社会

近代天皇制の本質は、「不合理」であるということに尽きる。

それは、天皇の権威がすべて虚構の上に成り立っているのに、その虚構を真実として受け入れるよう強制されることによって、理性が圧殺されてきたからである。

天皇の権威について現在の史学は、以下の四項目を科学的に説明している。

(1)近代天皇制が主張する天皇の権威を保証するものは『古事記』『日本書紀』に書かれた天孫降臨神話、神武天皇神話しかないこと。

(2)その神話は、六四五年の大化改新によって力を握った天皇家が、それから七〇年以上もかけて作った天皇家の支配を正当化するための政治的なものであって、神武天皇をはじめ、最初の数代の天皇は架空の人物であること。

(大化改新、というと、宮廷内での改革のように聞こえるが、そうではない。天皇家が蘇我家を倒し他の豪族たちをも屈服させた、天皇家による政権奪取であって、この結果天皇家は初めて全豪族、ひいては日本を支配するようになったのだ。『日本書紀』には、大化改新の後、中大兄皇子は諸侯を集めて、これから天皇家に従うと盟《ちか》わせたと、はっきりと「盟」という字を使って書いてある。「盟」は、同等の力を持つ者同士がちかい合う意味を表す字である。漢文の素養が十分にあった『日本書紀』の著者が「盟」の字を使ったところに、大化改新の本質が表れている。）

(3)天皇家が「万世一系」ということもあり得ないこと。

(4)したがって、近代天皇制の主張する天皇の権威は何ら根拠がないこと。

ところが、早稲田大学教授の津田左右吉は『古事記及日本書紀の研究』『神代史の研究』『日本上代史研究』『上代日本の社会及び思想』の一連の著作を刊行し、その中で、きわめて科学的に『古事記』『日本書紀』の内容を分析したところ、その内容が「皇室の尊厳を冒瀆《ぼうとく》する」として一九四〇年裁判にかけられた。たとえば、「神代史が皇室の権威の由来を説くために作られたものである」「神代史では、権力の本源と由来が権力者自身の立場からだけ説かれている。これは、神代史が（客観的な歴史ではなく）朝廷から出たものだからであり、神代史は政治的意義のものであり、ある時、ある作者によって作られたものである」などと、『上代日本の社会及び思想』の中で書いたことが、「天照大神を初め、皇室の系譜に載っている神々は皇室の権威を説明するために作られた物語上の存在に他ならない、と敢えて言ったことは、皇室の尊厳を冒瀆する」ととがめられ、一審の判決で、禁固三か月（執行猶予二年）を宣告されたのである。いま示したのは検事の論難するところのほんの一部分であり、検事は、津田左右吉が科学的に分析したさまざまな箇所を取り上げ、それらすべてが「皇室の尊厳を冒瀆する」という理由で有罪であるときめつけている。『現代史資料(42)思想統制』（みすず書房）にその裁判記録が収録されている。

個人の思想の自由を蹂躙《じゅうりん》すること自体、許しがたいことであるが、それ以前に、検事と裁判官の言うことが全く理性を欠いていることに呆《あき》れはてる。津田左右吉は合理的で論理的な根拠をもって説明しているのに、検事も裁判官も、その内容が科学的に正しいかを問うのではなく、津田の言説は「皇室の尊厳を傷つけた」というきめつけ一辺倒で終始するのである。そこにあるのは「狂信」か、あるいは権力に対する「盲従」だけで、理性のひとかけらもない。（『現代史資料』は、ちょっとした図書館に行けば置いてあるはずだから、読者諸君にも一読を勧める。近代天皇制は一切の理性を拒否する「不合理」そのものであり、逆に理性があっては近代天皇制は維持できるものではないことが、よくわかるはずだ。）

このように、少しでも理性的に考えたら崩れてしまうような「天皇と皇室の尊厳」は、あまりにもろすぎるため、それを維持するために、無理に無理を重ねることになり、さらに「不合理」が深まっていく。その「不合理」が極まった結果が、第二次大戦での無惨な敗北なのだ。

第3章にも書いたことだが、日本軍は「日本は神国」「神州不滅」「皇軍不敗」などと、神話に頼り、日本と欧米の圧倒的な生産力、戦力を無視し、戦争に突き進んでいった。第一次大戦で、それまでとは戦争の仕方が変わって、強力な大砲、飛行機、戦車、高性能の機関銃、そのような大量の物量を注ぎこまないと勝てなくなっている事実も無視した。

『敵を知らず己を知らず』（NHK取材班編／角川書店）によると、「（第一次大戦の様子を見るために日本から派遣された武官の中には）兵器と装備の近代化を図らなければ欧米列強に太刀打ちできない、と主張した軍人もいたが、陸軍の指導者の大勢はこれを敗北主義、精神力の軽視であり、必勝の信念こそが物質力を凌駕《りょうが》することができると論難したという」。

敵を知り己を知るのは、兵法の要諦《ようてい》である。そのためには、理性を働かせ冷静に状況を判断しなければならない。ところが、日本軍は、理性的にものを考えることを、敗北主義的といって排し、状況判断もろくにせず、絶対に勝つ、と言って突っ込んでいくことが何よりも大事とされた。

ところが、昭和天皇は、一九四五年に当時の皇太子に宛てた手紙の中で、敗戦の原因は「我が国人があまりに皇国を信じ過ぎて　英米をあなどったことである。我が軍人は　精神に重きをおきすぎて科学を忘れたことである」と言っている（『昭和天皇独白録』文藝春秋85頁）。

昭和天皇に「我が国人があまりに皇国を信じ過ぎて」と言われると、怒りを通り越し、深い絶望感におそわれて、目の前が真っ暗になる。いくら天皇でも、言ってよいことと悪いことがあるだろう。いや、そうではない。昭和天皇だからこそ、これだけは言ってはいけないことではないか。皇国を信じ、「皇運扶翼」とか「死して君恩に報いる」などと言って、天皇のために命を捧げた皇軍兵士たちは、昭和天皇のこの言葉を聞いたら何と思うだろう。天皇の戦争責任を「言葉のアヤ」と言ってのけたことといい（第6章参照）、この言葉といい、昭和天皇は根底的なところで寒気がするほど無責任である。

近代天皇制の権威の根拠が虚構であるからには、近代天皇制の変形でありその本質を引きずっている「象徴天皇制」の根拠も虚構である。「象徴天皇制」を守り続けることは、虚構を虚構と認めないことである。虚構を虚構と認めないためには、理性を抑えつけなければならない。理性が抑えられては道理も通らない。道理が通らなければ、正義も通らない。

日本の社会を眺めてみれば、政界、企業、学校などいたるところ、不合理な上下関係で締めつけられ、道理も正義も通らないことばかりだが、それは社会の根底が「象徴天皇制」という虚構の上に立っているからなのだ。

そもそも天皇に政治的な力はあったのか

ここまで論を重ねてくれば、結論ははっきりしている。行きつくところは、天皇制の廃止である。といっても、私は、今でも一部の人々によって唱えられている「天皇制打倒」を主張する気はない。ロシア革命で革命派がロマノフ王朝に行ったようなことを、天皇個人、あるいは皇室全体に対して行おうというわけではない。そのような蛮行は意味がない。

一部の人たちは、昭和天皇の戦争責任を追及するあまり、昭和天皇に対して厳しい個人攻撃をする。私は、第6章にも述べたように、昭和天皇の責任は明らかであると信ずるし、この章にも述べたように天皇の無責任さには耐えられない。昭和天皇の人間性には個人的に強い拒否感も抱く。

しかし、問題は、昭和天皇個人の資質ではない。昭和天皇個人を非難し攻撃するとなったら、それでは、いわゆる名君だったらよかったのかという話になる。そうではない。天皇個人の善し悪しは問題ではない。昭和天皇を個人的に責めても意味がないのである。問題は「天皇制」という制度なのである。その制度を軍部など支配層が利用し、天皇をかついで自分たちの好き放題をしたのが、近代天皇制の実情だったではないか。

「象徴天皇制」が「近代天皇制」と断絶なくつながっているからには、戦前と同じように天皇が支配層によって利用されないという保証はない。現実に、小渕内閣は「日の丸・君が代法案」を制定することで、文部省に教職員を締めつける武器を与えた。支配層は天皇を利用して国民を抑えつける方向にすでに一歩踏み出したのである。このような危険な制度を維持し続ける理由はどこにもない。

私の言う「天皇制廃止」とは、「近代天皇制」につながる「象徴天皇制」の廃止である。

それは、どういうことかといえば、天皇を明治以前の姿に戻してやることである。第1章にも書いたが、明治以前、天皇は一般大衆にとって無縁の存在だった。天皇が国民を直接支配することはなかったのである。私は天皇をその姿に戻そうというのだ。

南京大虐殺について精緻《せいち》な研究を重ね、否定派の息の根を止めた洞富雄は『天皇不親政の起源』（校倉書房）の中で、天皇が五世紀以降、時代が下るにしたがって、宗教的君主としての性格が強まっていき、その半面、実際政治には関与できなくなってしまう過程を論証した。

そして、「六四五年、天皇家は、クーデターの断行で強大な権力を掌握したが（大化改新）、天皇自身が中国の皇帝のような専制君主になったわけではなく、実際の政治は天皇の親族が行い、やがて臣下による摂関政治が始まり、ついで、退位した上皇による院政が出現するに至った」と言って、「近代天皇制」が主張するところの、思想上だけでなく政治上も絶対的権力を持つ天皇というものは、古代から存在しない架空のものであることを説き、天皇が歴史の最初から絶対君主として日本人を支配し続けてきたと主張する近代天皇制を否定した。

この「天皇は自分で実際の政治にかかわることがなかった」という「天皇不親政説」は間違いである、と網野善彦は『日本の歴史をよみなおす』（筑摩書房）で批判しているが、天皇を宗教的存在とする「天皇不親政説」は、武士が政権を取って実質日本の支配者になった後も、天皇と皇室が存続し続けた理由を説明するのに説得力がある。天皇が存続し得たのは、宗教的というより儀式的な存在だったからであって、もし政治的な力を持っていたら、武士たちはその存在を許さなかっただろう。

もちろん、完全に政治的な力がなかったわけではない。その証拠に、徳川幕府は、京都所司代（幕末に、京都守護職）をおいて、朝廷を監視させた。天皇が政治的に幕府に敵対する力を持つことを警戒したのである。また、明治天皇の父親、孝明天皇が、攘夷《じょうい》派の公卿と組んだり、公武合体をめざしたり、幕末の動乱の時期にかなり目立った動きをした例もある。しかし、後醍醐天皇を最後にして、実際に政治にかかわった天皇は存在しない。

一六世紀後半に三〇年あまり日本に滞在したポルトガル人宣教師、ルイス・フロイスの書いた『日本史』は、当時の日本の様子を知るのに貴重な文献であるが、その第六章には「日本には万事に優る最高の二つの顕位がある。第一は内裏《ダイリ》（天皇のこと——引用者注）であり、四百年以上も前から人々はもはや彼に服従しなくなってはいるが、彼がこの（日本の）六十六ヵ国すべての国王《レイ》であり、最高の統治者である」と記してある。ついで、第二に将軍（当時は足利氏）を挙げて、将軍は内裏の長官あるいは副王のようなもので、国王の総司令官として尊敬されている、と書いている（『日本史』第3巻／中央公論社）。

このフロイスの記述した四〇〇年という年数が正確かどうかは別として、一六世紀後半において、すでに天皇はとっくの昔に政治的権力を失っていると一般に認識されていたことは明らかである。

歴史を振りかえってみると、近代天皇制以降の天皇、中でも、明治・大正・昭和の三人の天皇は、それまでの天皇家の歴史の中で全く例のない特殊な存在であることがわかる。それ以前の天皇は、一般大衆とは何の関わりもない存在だった。

鎌倉幕府以降、次々に武家政権が交代するが、天皇は敵を滅ぼして新しく支配力を握った者に望まれれば、それが自分が任命した征夷大将軍を倒した者であっても、新たに征夷大将軍の位を与えるのである。本来なら、自分の任命した征夷大将軍を倒した人間は天皇にとって賊軍であって、征伐の対象になるはずなのに、征伐するどころか、願われるままに征夷大将軍の地位を与える天皇の姿は、自分自身の政治的立場というものがなく、どちらか勝った方に軍配を上げる相撲の行司のようで、まさに宗教的、儀式的存在以外の何物でもない。天皇が全く政治的存在でなかった証拠の一つがここにある。

相撲といえば、武家政権と天皇の関係は、横綱と吉田司家の関係に似ている。吉田司家は江戸時代に確立した行司の家元で、以来一九五一年まで、横綱は吉田司家から免許をもらうことになっていた。といっても、誰を横綱にするか決める権利は吉田司家にはない。吉田司家は横綱として推挙された力士に免許を与えるだけである。たとえば双葉山が横綱になったのは双葉山が強かったからで、吉田司家の力で横綱にしたわけではない。それと同じで、徳川家康が征夷大将軍になったのは家康に力があったからであって、天皇が征夷大将軍に任命したから家康が力を得たのではない。それでも、権威付けの免許を得るために横綱が吉田司家を必要としたように、武家政権も征夷大将軍の任命という権威付けの儀式をさせるために天皇を必要としたのである。

そして大衆が服従したのは、直接には自分の住む地域の領主、さらにその領主を支配する将軍家に対してであって、天皇のことは思い及ばなかった。天皇によって自分の政権に権威を与えてもらいたがるのは支配者階級だけであり、実際的な支配力のない天皇について、大衆はその存在すら知らなかったのだ。

このように言うと、「忘れられた存在だったのに、明治以降、これだけ国民の心に浸透したのは、やはり天皇制にそれだけの価値と意義があるからだ」と言い出す人がいる。

それは違う。明治以降の政府が取ってきた手段、すなわち、法律による強制、幼児期からの徹底した教育、逸脱するものに対して加える容赦ない暴力、これを用いれば、どんな国民に対しても、どんな思想であれ叩きこむことができる。そのよい例は、某国で現在も進行形のものとして見ることができる。大勢の国民がその指導者の失政で飢え死にしているというのに、その指導者に完全に洗脳された国民は、彼を神のごとく敬い続けているではないか。

憲法第一条を廃止しよう

日本人が歴史の上でおかした最大の過ちは、「近代天皇制」の創作であることは明らかである。であれば、その過ちをただすのは理性のおもむくところ当然のことである。

過ちをただすとは、いま言ったように、「近代天皇制」につながる「象徴天皇制」を廃止すること。要するに、明治以前の形に天皇を戻してやることである。それは具体的にどういうことか。

ここで、もう一度憲法第一条を読んでみよう。

「第一条　天皇は、日本国の象徴であり日本国民統合の象徴であつて、この地位は、主権の存する日本国民の総意に基く」

となっているが、そもそもこの第一条には「象徴」という言葉以外にも問題がある。それは「国民の総意に基く」という規定だ。

この憲法を作成するに当たって、マッカーサーは日本国民の総意に諮《はか》りはしなかった。この文言はマッカーサー司令部の勝手な作文である。

しかし、これを我々が憲法として受け入れ遵守しているからには、我々国民の総意で「象徴天皇制」を認めていることになる。

明治憲法の場合、上から一方的に、天皇が主権者であると決められたのだから、天皇のしたことは我々の責任ではない。国民は天皇の戦争責任を問う資格がある。だが、現憲法の場合、「国民の総意に基く」と規定されているからには、天皇の存在を認めたのは我々であって、天皇の責任は我々の責任ということになる。

それは、ごめんこうむりたい。勝手に押しつけておきながら、それはお前たちの総意に基づく、とはよくも言ってくれたものだと思う。支配者層は「日の丸・君が代法案」の成立を見てもわかるように、これから先も、天皇の権威を使って何を仕掛けてくるかわからない。しかし、その天皇は我々の総意に基づいて存在していると言われたら、我々は天皇の権威を否定することができず、支配者層の言うがままに引きずられていくことになる。

したがって、我々がまずしなければならないことは、憲法第一条を廃止することである。そして憲法から天皇条項を削除するのだ。天皇を国事行為に一切かかわらせないだけでなく、国民統合の象徴とか、国の象徴とかいうような、我々国民の精神構造に影響を与える意味を天皇に持たせるのをやめるのだ。

我々は、天皇と皇族の人権も考える必要がある。天皇や皇族は、東京の青山の一角に全員固まって居住させられている。居住の自由もないとは、何と非人間的なことか。その上、自分のしたくもないことを、政府の都合で義務としてさせられる。したいことをする、したくないことはしない、という人間にとっての基本的な権利が無視されている。憲法の外に出たら、もっと自由に生きることができるだろう。今の天皇も皇族たちも、「近代天皇制」の犠牲者なのだ。

憲法から天皇を外すことによって初めて、我々は近代天皇制から引きずってきた重い鎖を断ち切り、近代天皇制の呪いを振りはらって、正気に戻ることができる。そして、それこそが、我々が二一世紀に成しとげなければならないことだし、もし成しとげられなかったら、日本に明るい未来はないのだ。

最新論考

日本をアメリカの属国にした昭和天皇の罪

日本を無惨な敗戦に追い込んだ昭和天皇は、天皇制の維持のために沖縄を売った。基地が日本全土に広がる惨めな状況を生んだ最大の責任者は昭和天皇なのだ。

沖縄の住民を苦しめる米軍基地という悪夢

私はこの本の第6章で昭和天皇の「戦争責任」について書いている。

しかし、昭和天皇には戦争責任どころか、それよりもっと重大な責任があることを、第一版では書くことができなかった。今回増補版を出す機会が与えられたので、ここに書くことにする。

それは、昭和天皇の「戦後責任」である。

現在日本にはだいたい一三〇以上の米軍の基地がある（途方もない数だ！）。

米軍基地の上空は米軍の管理下にあり、日本の国の空なのに日本の飛行機は飛ぶことができない。東京にある厚木基地、横田基地のおかげで、成田空港、羽田空港発着の旅客機はその上空を避けて飛ばなければならない。羽田から福岡に飛ぶのにいったん海上に出て迂回《うかい》して福岡に向かう。

自分たちの国の空を自由に使えないとは、なんという屈辱的なことだろう。

さらに基地周辺の地域の住民は、基地を発着する飛行機の爆音に悩まされ続けている。私の大学時代からの友人は大和市に住んでいる。ある時、友人の家に電話をして話していたら、凄まじい轟音《ごうおん》が友人の家にとどろきわたって、そのせいで友人の声が聞こえなくなり会話が成立しなくなった。轟音がしずまった後に私が「いまの音は何だ」と尋ねると、「厚木基地に発着する米軍機の音だよ。土、日以外は一日中だ」と答えた。後に友人の母親が亡くなり、葬儀に参列したが、その葬儀の最中にも、葬儀場の上を低空で飛ぶ米軍機の騒音がとどろきわたった。

友人を苦しめている騒音の害は、米軍基地が周辺住民に与えている害の中ではまだましな方である。

基地の数、駐留兵士数でも全国の七〇％以上を占める沖縄の住民が米軍基地から受け続けてきた害は凄まじい。単なる騒音から、ヘリコプターや軍用機の墜落、さらには米軍兵士による住民への暴力行為まで、ありとあらゆる被害を受けている。

「しんぶん赤旗」によると、法務省が開示した情報では、二〇一七年の全国の米軍関係者による一般刑法犯八七件のうち起訴されたのが一五件、残りの七二件は不起訴となっている。八三％は不起訴になっているのだ。

住居侵入、強制わいせつ（四件）、強制性交（三件）、暴行、毀棄隠匿《ききいんとく》などはいずれも起訴率が〇％。窃盗は三二件中、起訴されたのは二件。

しかも、これは二〇一七年度だけの数字である。

沖縄での米軍兵士による被害は多い。特に、女性に対する性犯罪は多いし、悪質だ。幼稚園児を強姦のうえ殺し、小学校低学年の女の子を強姦するような犯罪が米兵によって繰り返されてきた。しかし、よほど悪質なもの以外は起訴されることもない。

さらに、二〇一七年一月二六日付けの「日本経済新聞」によれば、

「在日米軍駐留経費は米軍基地で働く日本人従業員の労務費や光熱費など日米地位協定上は米側が負担すべき項目が大半。これに周辺対策や施設の賃料なども含めた『在日米軍駐留関連経費』は防衛省資料によると日本側負担は約三七三六億円。割合は九二・六％に上る」

三七三六億円とは途方もない金額だが、それだけではない。日本は、米軍の住宅建設や光熱費などに当てられる金まで支払っている。その総額は、二〇一五年の特別協定では、二〇一六年から二〇二〇年度までの五年間で約九四六六億円になる。

これを日本側は「思いやり予算」と呼んでいる。日本に駐留している米軍兵士の住宅は一般の日本人の住宅より遥かに立派である。その上、様々な運動器具の揃ったジムやプールまである。六畳一間のアパートに住んでいる日本人は少なくない。そのような日本人から見れば羨ましい環境だ。

これだけで驚いてはいけない。現在問題になっている辺野古沖の新基地建設には約六〇〇〇億円という巨費がかかるが、これは全額日本が負担するのである。

日本はあの美しい辺野古の海を破壊し、アメリカ軍がアメリカ軍のために使う基地を日本国民の金を使って造り、それをアメリカに差し出すのだ。

アメリカは日本の土地を勝手に使い、金を搾《しぼ》り取り、兵士が犯罪を犯しても責任を取らせない。日本は完全にアメリカの植民地・属国であり、被占領国である。

一体どうしてこんな無惨で惨めな国に日本という国はなってしまったのだろう。

日本をこんな国にした最大の責任者は昭和天皇である。

極めて「政治的に」動いた昭和天皇

一九四六年に公布された日本国憲法では天皇は主権者ではなく、「象徴」となっている。政治権力は持っていない。

ところが、昭和天皇はそう考えていなかった。

（これから先は主に、豊下楢彦《とよしたならひこ》の二冊の著書、一九九六年刊『安保条約の成立』岩波新書と二〇一五年刊『昭和天皇の戦後日本』岩波書店、秦郁彦《はたいくひこ》著『昭和天皇五つの決断』文春文庫、矢部宏治著『日本はなぜ、「基地」と「原発」を止められないのか』集英社インターナショナルを参考にした。）

敗戦後すぐに天皇は活動を開始する。

本書第5章「象徴天皇制」で、憲法改正を扱っているが、この憲法改正作業に昭和天皇は深く関わっていたのだ。

敗戦後すぐに昭和天皇は近衛文麿に憲法改正作業を命じた。しかし、近衛文麿は戦犯に指定されて出頭を命ぜられ、出頭前日に服毒自殺した。代わって松本烝治《じょうじ》が委員長を務める幣原内閣の憲法問題調査委員会が憲法改正作業を行うことになった。

敗戦の翌年一九四六年一月に松本は「憲法改正私案」を昭和天皇に提出した。

しかし、この私案では「天皇が統治権を総攬《そうらん》する」という明治憲法の基本をそのまま残していた。それを見て、マッカーサーは自分の部下に命じてＧＨＱ案を作り、それを受け入れるように政府に迫った。

憲法改正作業は、昭和天皇が最初に命じたのである。

昭和天皇は、『昭和天皇独白録』の中で「自分は専制君主ではなく、立憲君主なのだから開戦の際東条内閣の決定を裁可したのはやむを得ないことである」と言い、実際の政治には関わらないと言っているが、憲法改正という重大な政治的問題を自分から命令して始めたのだ。「立憲君主なのだから政治的に自分の意志を通せない」という弁明とは大いに違う。

このあとも、昭和天皇はマッカーサーとアメリカ政府を相手に、極めて政治的な活動を展開する。

本書第5章の扉に、昭和天皇がマッカーサーを訪問した時の写真が掲載されている。

掲載されている写真では不鮮明なのでよくわからないが、もっと大きく鮮明な写真で見ると、天皇の眼の表情と口元の様子がよくわかる。途方に暮れたような目つきで、いわゆる「まなこ力」は一切ない、口は半開きになっている。直立不動の姿勢を取っているが、体中の力が抜けているようで、その情けない顔つきと合わせると、無惨なまでに哀れっぽい。

それに対して、マッカーサーは、腰に手を当ててカメラのレンズをのぞき込むようにして立っている。その眼の「まなこ力」は強烈で、日本人にとって現人神である天皇の横で傍若無人、傲岸不遜《ごうがんふそん》、なんという勝ち誇りようだろう。

私はこの写真を見るたびに激しい敗北感と屈辱感に打ちひしがれる思いがする。

この写真はマッカーサーが意図的に日本人に見せつけたのだと私は思っている。

大きくて体格の良い体、気迫に満ちた表情のマッカーサー＝勝者アメリカ。一方、貧弱な体格、情けない顔つきの天皇＝敗者日本。

この写真は未来永劫《えいごう》日本人を苦しめるものだ。

この弱々しい姿とは裏腹に、昭和天皇はその後一〇回にわたりマッカーサーと会見して、自分の意見を述べ、ほとんど交渉に近いことまでしている。

その会見の内容は、秦郁彦の作った表によれば、

第一回　一九四五年九月二七日
　話題　天皇の戦争責任
第二回　一九四六年五月三一日
　話題　食糧問題？（明確ではない）
第三回　一九四六年一〇月一六日
　話題　食料援助、憲法九条、地方巡幸
第四回　一九四七年五月六日
　話題　日本の安全保障
第五回から第七回までは、話題不詳のため省略
第八回　一九四九年七月八日
　話題　国内の治安
第九回　一九四九年一一月二八日

話題　講和問題、シベリア抑留、ソ連の原爆開発
第一〇回　一九五〇年四月一八日
　話題　共産圏の脅威
第一一回　一九五一年四月一五日
　話題　マッカーサー離任に対してのお別れ。儀礼的なもの

となっている。

この間日本の政府は、敗戦後、東久邇宮稔彦《ひがしくにのみやなるひこ》内閣、幣原喜重郎内閣を経て、

一九四六年五月二二日から自由党の第一次吉田茂内閣、
一九四七年五月二四日から社会党の片山哲内閣、
一九四八年三月一〇日から民主党の芦田均内閣、
一九四八年一〇月一五日から第二次吉田内閣、
一九四九年二月一六日から第三次吉田茂内閣

と変遷している。

これを見ると、かなり政治的に高度な問題を昭和天皇はマッカーサーと話し合っていることがわかる。

秦郁彦は、マッカーサー記念館に保存されている総司令官の面会簿を見ると、マッカーサーに時間を指定して面会に出かけていたのは吉田茂くらいで、片山、芦田両首相はほとんど面会がかなわず、ホイットニー民政局長やアイケルバーガー第八軍司令官に会ってお茶を濁している。マッカーサーに嫌われたのか、首相の方が気おくれしたのか、さだかではないが、トップの接触不足を天皇が補充する必要があったと考えられる、と書いている。

これは奇怪な意見だ。

というのは、片山、芦田両首相の時代は既に天皇を象徴とする日本国憲法が公布されたあとで、象徴である天皇には「トップの接触不足を補充する」権利はないはずだからである。

昭和天皇とマッカーサーの会見で大きな問題を引き起こしたことがある。

それは、第四回の会見である。

この日、昭和天皇とマッカーサーは「日本の安全保障」について話したのだが、会見のあと、通訳を務めた宮内府御用掛（外務省情報部長）の奥村勝蔵が記者団に対して、これはオフレコだと断って語ったことを翌日のAP電が次のように伝えたのだ。

「マッカーサー元帥は天皇裕仁に対し、米国は日本の防衛を引き受けるであろうことを保証した」

「マッカーサー元帥は昨日の一時間余りの天皇との会見で（日本）防衛への広範な保証を与えた」

これを知ったマッカーサーは、「真剣なコメントに値しない馬鹿馬鹿しいもの」と否定の声明を発した。

その声明の中でマッカーサーは、「日本の防衛については講和条約の調印までは『占領軍に託された義務』であるが、それ以降は条約の規定による」と指摘しつつ、「この問題が国際的な側面に関わる以上、それは主として国連または同種の集団的な機関に依存することが考えられる」と主張した。

さらにマッカーサーは、昭和天皇と自分の会見の内容を漏洩《ろうえい》し、しかも自分の意図をねじ曲げたと激怒して、奥村勝蔵は懲戒免職処分になった。

では、会見ではどんなことが話し合われたのか。

作家児島襄《のぼる》が一九七八年の著作『日本占領』第三巻に記した、アメリカの公文書館で閲読した会見記録によれば、天皇はマッカーサーに「日本の安全保障を図るためにはアングロサクソンの代表者である米国がイニシアティブを取ることを要するのでありまして、そのため元帥のご支援を期待しております」と米軍による日本の安全保障の確保を期待した。

奥村の下で渉外課長をしていた松井明の「松井文書」によれば、その天皇の期待に対して、マッカーサーは「日本を守る最もよい武器は平和に対する世界の輿論である。日本が国際連合の一員になって平和の声を上げて世界の平和に対する心を導いて行くべきである（そうすれば、日本が攻撃を受けた場合には世界の輿論が日本の味方をして、国際連合が日本を守るために動くだろう）」と答えたのである。

昭和天皇の「沖縄メッセージ」とは何か

マッカーサーの国連主義は昭和天皇にとって不満だったに違いない。

昭和天皇はより具体的で、さらに露骨に安全保障上の問題に介入していった。

この第四回目の会見から四か月ほど経った一九四七年九月一九日に、昭和天皇は御用掛の寺崎英成《ひでなり》を使って対日理事会議長兼連合国軍最高司令部外交局長ウィリアム・シーボルトに「沖縄メッセージ」を送り、シーボルトはそれを連合国軍最高司令官及び米国国務長官に報告した。

その「沖縄メッセージ」は現在、沖縄県公文書館がインターネットで公開している。シーボルトが国務長官に送った書類のコピーである。

簡潔な文章でわかりやすい上に、たいして長くないので是非読んでいただきたい。

寺崎英成がシーボルトに伝えた天皇のメッセージの要点は、
(1)昭和天皇はアメリカが沖縄とその他の琉球諸島の占領を継続することを望んでいる。
(2)昭和天皇の意見によれば、そのような占領はアメリカを利すると共に、日本に保護を与えることになるだろう。
(3)現在日本の国民はソ連が攻めてくることだけでなく、アメリカの占領が終わったあとに左翼と右翼の衝突が起き、その騒動に乗じてソ連が内政干渉をしてくることを恐れている。したがって、アメリカが沖縄の占領を続けることは広範囲の日本国民に受け入れられるであろう。
(4)さらに、昭和天皇は、主権は日本が維持しているというフィクションの元に、二五年から五〇年またはそれ以上の年月、米軍の占領を続けてもらいたいと望んでいる。
(5)昭和天皇によれば、この方法の占領であれば、日本国民はアメリカが恒久的に琉球諸島を自分のものにしようという意図がないこと、さらに他国、特にソ連と中国が同じような権利を要求することを禁じると確信するだろう。
(6)寺崎氏は次のように考えている。この軍事基地獲得の権利は、アメリカと日本との二国間の条約とするべきで、連合国軍と日本との平和条約の一部とはしない。
寺崎氏は、後者の方法では、命令された平和という感じがあまりに強く、将来日本国民の好意的な理解を損なう危険がある、と言う。

私はこの文書を読んだ時に、絶望的な思いにとらわれた。

昭和天皇は沖縄をアメリカに売った。

昭和天皇は沖縄を捨てたのだ。

昭和天皇が沖縄をアメリカに売った理由は、前記の第三項にある。

当時共産党は勢力があり、天皇制廃止を唱えていた。昭和天皇はソ連が共産党に力を貸し、共産党の勢力が拡大すると天皇の地位が危なくなると恐れていた。

そのためにはソ連が日本に影響力を及ばさないように、アメリカ軍に日本を守ってもらうことが必要だったのである。そのために沖縄を米軍に基地として自由に使わせようというのだ。

そもそも昭和天皇は、沖縄は「どうでもよい」と考えていた。戦争末期沖縄が米軍の攻撃を受けて旗色が悪くなると、「現地軍が攻勢に出ない」ことを叱責し、「兵力不足ならこちらから逆上陸」することを提案した。昭和天皇は沖縄が戦場になることを、やむを得ないと考えていたのだ。沖縄の人々が苦しむことに何の考慮も払っていない。

そしていよいよ戦況が悪くなり戦争の終結を考えなければならなくなると、近衛文麿に命じて、当時まだ「日ソ中立条約」を破っていなかったソ連に連合国軍との和平の仲介を依頼しようとするのだが（ソ連が日本のために和平を仲介するような、そんなまともな国だと考えていたとは、ずいぶん間抜けな話ではないか）、和平交渉の条件としては、「国土については固有本土を日本が維持することで満足する」と言っているのである。固有の本土とは「沖縄、小笠原島、樺太を捨て、千島は南半分を保有する程度」とされている。昭和天皇は最初から沖縄を、本土を守るための米軍に対する防塁としか考えていなかったことがこれでわかる。

沖縄の人々を守る意識など全くなかったのだ。米軍が沖縄を制圧して防塁として役に立たなくなると、昭和天皇は見捨てたのだ。もし沖縄の人々のことを考えたら、二五年から五〇年あるいはそれ以上占領していてくれ、などとは言えないはずだ。

いま沖縄は、辺野古基地問題で揺れている。

沖縄の県民投票では、投票した人間の七〇％以上が辺野古基地に反対している。投票率が五〇％を超えたので、全有権者の三五％以上が反対していることになる。

普通なら、これだけの反対があれば、政府は辺野古基地建設を中止するべきだが、安倍晋三内閣は、その投票結果を無視して辺野古基地建設を続けている。

考えてみれば、いくら反対しても、アメリカは、七〇年前に天皇の要請で決めたことに今さら何を文句を言っているんだ、と居直れるのだ。いったん国家間で結んだ条約は簡単に解消できない（この天皇の「沖縄メッセージ」は「日米安全保障条約」に反映している）。

どんなに沖縄の人間が反対しても、昭和天皇が自分から進んで沖縄をアメリカに売ってしまっていては、手も足も出ない。

吉田茂の頭越しにアメリカ政府と交渉

日本が講和条約を結ぶ段階になると、昭和天皇の政治的動きはさらに活発になってくる。

一九四五年以後の世界は大きく変動した。

一九四九年には、毛沢東による中華人民共和国が成立し、同じ年にソ連も原爆実験に成功、核兵器はアメリカの独占ではなくなった。ソ連と中国という二つの共産主義国家の存在はアメリカの緊張感を高めた。

一九五〇年にアメリカのトルーマン大統領は、ジョン・フォスター・ダレスを国務長官の特別顧問に任命した。ダレスは対日講和問題を担当した。

ダレスは日本に来て六月二二日に吉田茂首相との会談が行われたが、講和問題や講和後の日本の安全保障問題について明確な態度表明を期待していたダレスに対して、吉田茂は「アメリカが日本の自尊心に配慮すれば日本の安全を保障できる」とか「日本が非武装化された平和愛好の国だということを世界に保証すれば安全は確保できる」などといった曖昧な発言に終始したので、ダレスは激怒した。

当時の日米関係において最大の問題は、講和後の日本における米軍基地の問題、具体的には日本の基地提供問題だった。

ダレスは「日本に、我々が望むだけの軍隊を、我々が望むいかなる場所にも、我々が望む期間だけ維持する権利」を獲得することの重要性をジョンソン国防長官に対して説くような考えの持ち主であるから、吉田茂の曖昧な態度に激怒したのだろう。

その会談から三日後、一九五〇年六月二五日、朝鮮戦争が勃発した。

そのような緊迫した情勢をつかんでいた昭和天皇は、ダレスと吉田茂との会談の不首尾を知って、式部官長・松平康昌から『ニューズウィーク』誌の東京支局長であるパケナムを介して口頭メッセージをダレスに伝えた。

昭和天皇はまず、これまでアメリカの当局者たちが日本に来ても、軍国主義的経歴を持っているという理由で追放処分を受けた人たちと接触することはマッカーサーによって承認されなかったが、その人たちは見識があり、経験豊かで、日米両国の将来の関係について極めて価値ある助言と支援を米側に与えることができるであろうと強調した。

その上で昭和天皇は、より具体的に次のような提案を行った。

「講和条約、とりわけその詳細な取り決めに関する最終的な行動が取られる以前に、日本の国民を真に代表し、永続的で両国の利害にかなう講和問題の決着に向けて真の援助をもたらすことのできる、そのような日本人による何らかの形態の諮問《しもん》会議が設置されるべきであろう」

ダレスはこのメッセージを受け取って「今回の旅行における最も重要な成果」と評し、提案にある「諮問会議は価値があるであろう」と同意した。さらにダレスは事態の核心として、「宮中がマッカーサーをバイパスするところまで来た」ことを挙げた。

しかし、昭和天皇はこのメッセージで、マッカーサーをバイパスするだけでなく、講和問題や日本の安全保障の問題を首相である吉田茂に任せておくことはできないという立場も明らかにしたことになる。

昭和天皇はマッカーサーと吉田茂の頭越しに、アメリカ政府と直接交渉を持つことにしたのだ。

昭和天皇のこの政治的行動には大変に驚く。「自分は立憲君主であるから、政治的決断はしない」と戦争責任について弁明したのは一体誰だったのか。選挙で選ばれた吉田茂を押しのけて、自分が日本の最高責任者としてアメリカに対している。

この時、既に日本国憲法が公布されており、天皇は統治権の総攬者ではなく、象徴である。政治的な権限は何もない。

天皇のこの行為は憲法違反も甚だしい。

さらに、パケナムはアメリカの有力者であるカーンの指示で、この昭和天皇の「口頭メッセージ」を可能な限り文書化することになった。一九五〇年の八月から松平康昌がパケナムを葉山のご用邸に隣接する施設に招いて、文書化の作業が行われた。

文書の内容は、口頭メッセージの内容と基本的には同じだが、それより一歩進んだ表現がある。

昭和天皇は追放の緩和を主張する。それによって多くの有能で先見の明と立派な志を持った人々が自由に活動できるようになる。さらに、

「こうした有能な人々が彼らの考え方を公に表明できる立場にいたならば、基地問題をめぐる最近の誤った論争も、日本の側からの自発的なオファによって避けることができるであろう」と主張する。

この「最近の誤った論争」とは、六月二二日の吉田とダレスの会談で、吉田が曖昧なことを言ってダレスを激怒させたことと、この文書を作成し始める

直前の七月二九日に、参議院外務委員会で吉田茂が「私は軍事基地は貸したくないと考えております」「単独講和の餌《えさ》に軍事基地を提供したいというようなことは、毛頭ございません」と明言し、連合国の側も日本に軍事基地を「要求する気もなければ、なるべく日本を戦争に介入せしめたくないというのが、日本に平和憲法を据えるがいいと希望した連合国の希望だろうと思います」と言ったことだろう。

戦争放棄の平和憲法を「希望」した国が軍事基地を求めるわけがない、というのである。

シーボルトが吉田の真意を探るために太田一郎外務次官と会談した。シーボルトが日本はいかにして安全保障を確保するのかと尋ねたのに対して、太田は「韓国のように国連の保護に頼る」と述べると共に「講和条約が締結された暁にはいかなる外国軍隊も日本に留まることに反対である」という吉田の考えを改めて伝えた。

韓国は国連に加盟していないのに、国際連合は国連軍を朝鮮半島に派遣して韓国を守るために戦っている。非武装国家・日本も、外国に攻撃を受けたら、国連が助けてくれるだろう、というのである。

しかし、昭和天皇とその側近は強い危機感を抱いていた。

北朝鮮はソウルを陥落させると破竹の勢いで朝鮮半島を南下して、パケナムと松平康昌たちが天皇のメッセージを文書化している時には、釜山《プサン》まで攻め込んでいたのである。

昭和天皇とその側近たちは「朝鮮半島はそのまま共産化するのではないか」と恐れていた。朝鮮半島が共産化すると、北朝鮮やソ連の援助を得て国内の共産勢力も勢いづいて、天皇制打倒に動くだろう。

そうなっては、天皇制維持どころか、自分たちの命も危ない。

昭和天皇とその側近たちは切羽つまったような危機感を抱いていたのだ。

昭和天皇は講和条約の締結後も、米軍によって昭和天皇と天皇制を防衛する体制を確保することが必要だった。

そのためには、基地問題は「日本からの自発的なオファによって」解決されなければならない。要するに、日本はアメリカに米軍基地を置いていただけるように日本を差し出す、ということなのだ。差し出す＝「自発的なオファ」であるからには無条件なものでなければならない。

日本から申し出る、差し出すことによって米軍の日本駐留が確実なものとなり、非武装日本の安全が保障されると昭和天皇は考えたのだ。

この昭和天皇による「自発的なオファ」は、ダレスの「日本に、我々が望むだけの軍隊を、我々が望むいかなる場所にも、我々が望む期間だけ維持する権利」を獲得する、という考えに見事なまでに適合するものだった。

頼まれたから軍隊を駐留させてやる

それから紆余曲折はあったが、一九五一年九月八日に（旧）日米安全保障条約が成立した。

その内容を見てみよう。

まず、前文には次のように書かれている。

「日本国は、その防衛のための暫定措置として、日本国に対する武力攻撃を阻止するため日本国内及びその附近にアメリカ合衆国がその軍隊を維持することを希望する」

まさに、昭和天皇の「自発的オファ」がそのまま条約に組み込まれている。

アメリカの軍隊が国内その付近に軍隊を駐留させることを、日本が希望しているというのだ。

それに対して、アメリカは、

「アメリカ合衆国は、平和と安全のために、現在、若干の自国軍隊を日本国内及びその附近に維持する意思がある」というのだ。

要するに頼まれたから軍隊を駐留させてやる、と言っているのだ。

大前提がこれでは、日本のいわゆる平和勢力が米軍基地反対を叫んでも、全く無駄なことになる。

さらに第一条では、

「平和条約及びこの条約の効力発生と同時に、アメリカ合衆国の陸軍、空軍及び海軍を日本国内及びその附近に配備する権利を、日本国は、許与し、アメリカ合衆国は、これを受諾する。

この軍隊は、極東における国際の平和と安全の維持に寄与し、並びに、一又は二以上の外部の国による教《きょう》唆《さ》又は干渉によつて引き起された日本国における大規模の内乱及び騒擾《そうじょう》を鎮圧するため日本国政府の明示の要請に応じて与えられる援助を含めて、外部からの武力攻撃に対する日本国の安全に寄与するために使用することができる」となっている。

第一条の骨子は、

第一に、アメリカが軍隊を「日本国内及びその附近に配備する権利を、日本国は、許与し、アメリカ合衆国は、これを受諾する」というところである。

これは、本質的にアメリカ軍が駐留する権利を日本が差し出し、アメリカはそれを受け入れる、ということである。

第二は、「この軍隊は、極東における国際の平和と安全の維持に寄与し」というところである。

この安全保障条約の真っ先に来るのは、日本に駐留する米軍はなんと日本のためではなく、「米軍の極東での作戦のために動く」ということである。日本の安全保障ではないのだ。

第三は、「一又は二以上の外部の国による教唆又は干渉によつて引き起された日本国における大規模の内乱及び騒擾を鎮圧するため日本国政府の明示の要請に応じて与えられる援助」として、日本に内乱が起きた場合には米軍が鎮圧するという、いわゆる内乱条項である。

共産勢力が天皇制打倒のために動いた場合には、それを内乱として日本政府が要求すれば、米軍が出動してその動きを押さえるということである。

昭和天皇は、この内乱条項に大いに満足したと伝えられている。


そして四番目に、ようやく「外部からの武力攻撃に対する日本国の安全に寄与するために使用することができる」として日本の安全について言及している。しかしそれも、「日本国の安全に寄与するために使用することができる」という消極的なものである。「日本国の安全を守る」というのと、「安全に寄与するために使用することができる」というのとでは、重みが違う。

これは、ダレスの言う「日本に、我々が望むだけの軍隊を、我々が望むいかなる場所にも、我々が望む期間だけ維持する権利」が主で、ついでに日本の安全を守るために頼まれれば使用してもよい、ということだ。

要するに、日米安全保障条約は、アメリカのための安全保障条約であり、日本の安全保障は付け足しなのだ。

第二条は、基地の権利はアメリカ以外の第三国に許与しない、というもので、まさにこの安全保障条約がアメリカ本位のものであることをはっきりさせている。

第三条は、さらに重大な意味を持つものである。「アメリカ合衆国の軍隊の日本国内及びその附近における配備を規律する条件は、両政府間の行政協定で決定する」

基地周辺での米兵の犯罪に対する起訴率が低いのも、米軍ヘリコプターが沖縄大学に墜落した時にすべて米軍がその周辺を封鎖して日本の警察などが調査することを許されなかったことなども、「両政府間の行政協定」で米軍に有利なように決められているからなのだ。

読者諸姉諸兄におかれては、日米安全保障条約をきちんと読んだことのある方は少ないか、ほとんどいないと私は推察する。私たち日本国は、これほど圧倒的に日本に不利な条約でアメリカに縛られてきたということを認識してほしい。

昭和天皇の戦後責任

一九六〇年にこの条約は改正されて、現在の日米安全保障条約になった。その新・日米安全保障条約は、

(1)内乱条項がなくなったこと。

(2)第五条に「各締約国は、日本国の施政の下にある領域における、いずれか一方に対する武力攻撃が、自国の平和及び安全を危うくするものであることを認め、自国の憲法上の規定及び手続に従つて共通の危険に対処するように行動することを宣言する」とあり、アメリカが日本の安全のために行動する、と決めたところが日本にとって改善されたといえる。

また、第一〇条に「この条約が十年間効力を存続した後は、いずれの締約国も、他方の締約国に対しこの条約を終了させる意思を通告することができ、その場合には、この条約は、そのような通告が行なわれた後一年で終了する」とあるところから、日本がその気になれば破棄できるところが改善されていると評価する人もいる（私は、そうは思わない。新安保条約が締結されてから五〇年以上経つのに、誰も廃棄しようと言い出せないではないか）。

しかも第六条に「日本国の安全に寄与し、並びに極東における国際の平和及び安全の維持に寄与するため、アメリカ合衆国は、その陸軍、空軍及び海軍が日本国において施設及び区域を使用することを許される」とあるところは、旧安保条約と実質的になにも変わっていない。

それどころか、同じ第六条に「前記の施設及び区域の使用並びに日本国における合衆国軍隊の地位は、千九百五十二年二月二十八日に東京で署名された日

本国とアメリカ合衆国との間の安全保障条約第三条に基づく行政協定（改正を含む）に代わる別個の協定及び合意される他の取極により規律される」と書かれている。

日本とアメリカの間に取り決められた協定は、すべて日本に不利なようにできている。

たとえば、一九七九年に起こった「横浜米軍機墜落事件」を考えてもらいたい。

一九七七年九月二七日に厚木基地を飛び立ったファントム戦闘機は、エンジンから出火し、乗組員二人は脱出してパラシュートで着陸した。戦闘機は横浜市緑区の荏田《えだ》町に墜落して、民家六軒を焼き、九名が負傷した。中でも土志田《どしだ》和枝さんの家には戦闘機のエンジンが墜落し、和枝さんの三歳と一歳の男の子が大やけどをおい、病院に運び込まれたが死亡した。和枝さんは辛く厳しい療養を続けたが、四年後に亡くなった。

アメリカ軍は周辺を封鎖して、エンジンなどを回収して引きあげた。この件で、アメリカ軍側で処分を受けた者はいない。

私は小学生の時に、父が購読していた『日本語版リーダーズダイジェスト』で次のような記事を読んだ。

アメリカのカリフォルニアで米空軍の戦闘機が故障をした。操縦士は脱出しようと思ったが、住宅地の近くなので、地上の住人に被害が及ぶことを恐れて、飛行機を海上まで誘導した。その結果、戦闘機は海に墜落して操縦士は死んだ。私はその操縦士が地上の人を守るために自分の命を捨てた行為に感動した。

しかし、横浜では同じ米軍の兵士が、眼下に住宅地があるのを知りながら自分たちだけ脱出して、家屋を焼き、二人の子供と母親を殺した。

私は横浜米軍機墜落事件を知った時すぐに、リーダーズダイジェストの記事を思い出し、激しい怒りを覚えた。アメリカ人の命と日本人の命の尊さに違いがあるというのか。

日本側が事故現場を検証できないのも、自分たちだけ脱出した兵士たちに何の責任も問えないのも、第六条の「合衆国軍隊の地位は、行政協定（改正を含む）に代わる別個の協定及び合意される他の取極により規律される」によるものだ。沖縄大学へリコプター墜落事件と同じく、アメリカ軍は治外法権にあるのだ。

最近、安倍首相はロシアのプーチン大統領と北方領土返還の交渉を行ったが、プーチンは安倍首相に「北方領土にアメリカが基地を作ったらどうする。日本は主権を持っていないからそれを止められないだろう」と言ったという。日本は主権国家ではなく、アメリカの属国だという意味である。

たしかに、国連でもどこでも国際会議の場では、日本は常にアメリカに賛成しているので、外国の笑い物になっている。

このような惨めな状態に日本を追い込んだのは、昭和天皇の「自発的なオファ」という言葉に尽きる。

昭和天皇は止めようと思えば止められた戦争を止めず、日本を無惨な敗戦に追い込み、さらに戦後になると、皇統の維持と天皇制の維持のために沖縄を売り、日本全土をアメリカが自由に使うことを許し、最初に書いた今の日本の哀れな状態を作り出した。

これを、私は昭和天皇の戦後責任と呼ぶ。

天皇個人の良し悪しは問題ではない

二〇一九年五月一日に平成天皇が退位し、皇太子徳仁《なるひと》が新しい天皇になる。平成天皇はその誠実な人柄で、リベラルを自称する人たちの間にも評判がよい。

皇太子徳仁がどのような天皇になるのか、まだわからない。しかし、天皇個人の良し悪しは問題ではない。近代天皇制自体が問題なのだ。

明治政府は、神道の伝統から外れて、生きている人間である天皇を現人神として祀《まつ》り敬う国家神道を作りあげ、暴力で国民が天皇を敬うように洗脳した。大逆事件をでっち上げて、幸徳秋水など無実の人間を死刑にした。その大逆事件がでっち上げであることは多くの国民が知っていた。それでも、天皇を崇拝し敬わないと幸徳秋水たちのように殺されるという恐怖だけは、身にしみた。

昭和天皇は戦後の人間宣言のあとも「自分が神の子孫であることを否定することには抵抗がある」と言った。国民だけでなく、天皇自身も洗脳されていたのだ。

問題は、天皇個人の問題ではなく、近代天皇制なのだ。

今でも近代天皇制の洗脳が解けない日本人が大勢いる。私たちは早く、天皇制の洗脳から解き放たれ、屈辱的なアメリカとの関係をただすために努力をしなければ、日本の未来はないと私は考える。

参考文献

第1章について

『日本書紀／上下巻』井上光貞監訳（中央公論社）
『古事記　全訳注／全3巻』次田真幸（講談社学術文庫）
『続日本紀　全現代語訳／全3巻』宇治谷孟（講談社学術文庫）
『天皇――天皇統治の史的解明』石井良助（弘文堂）
『新天皇系譜の研究』角田三郎（オリジン出版センター）
『盗まれた神話――記・紀の秘密』古田武彦（朝日文庫）
『日本古代内乱史論』北山茂夫（岩波現代文庫）
『古代天皇の謎』上田正昭（学生社）
『古代天皇のすべて』前之園亮一・武光誠編（新人物往来社）
『近代天皇制の支配秩序』鈴木正幸（校倉書房）
『明治維新の政治過程』大久保利謙（吉川弘文館）
『天皇制国家の形成と民衆』後藤総一郎（恒文社）
『維新期天皇祭祀の研究』武田秀章（大明堂）
『天皇権の起源』鳥越憲三郎（朝日新聞社）
『日本の歴史1　神話から歴史へ』井上光貞（中公文庫）
『日本の歴史2　古代国家の成立』直木孝次郎（中公文庫）
『日本の歴史20　明治維新』井上清（中公文庫）

第2章について

『明治天皇紀　第一』（吉川弘文館）
『戦時下抵抗の研究／全2巻』同志社大学人文科学研究所編（みすず書房）
『現代史資料(45)　治安維持法』（みすず書房）
『日本の歴史21　近代国家の出発』色川大吉（中公文庫）
『日本の歴史22　大日本帝国の試煉』隅谷三喜男（中公文庫）
『右傾度・87%』新井利男・熊谷博子・原田奈翁雄編（径書房）
『右翼テロ！』社会評論社編集部編（社会評論社）
『日本皇室論』福澤諭吉（島津書房）

第3章について

『昭和の歴史3　天皇の軍隊』大江志乃夫（小学館）
『失敗の本質』戸部良一他（ダイヤモンド社）
『驕りの失敗』村上薫（サイマル出版会）
『帝国陸軍の本質』三根生久大（講談社）
『抗命』高木俊朗（文藝春秋）
『ノモンハンの夏』半藤一利（文藝春秋）
『大東亜戦争全史』服部卓四郎（原書房）
『大戦略なき開戦』原四郎（原書房）
『油断の幻影』高橋健夫（時事通信社）
『責任なき戦場』ＮＨＫ取材班編（角川書店）
『大日本帝国のアキレス腱』ＮＨＫ取材班編（角川書店）

第4章について

『君が代の歴史』山田孝雄（宝文館出版）
『「日の丸・君が代」の話』松本健一（ＰＨＰ新書）

第5章について

『日本国憲法制定の由来』憲法制定の経過に関する小委員会編（時事通信社）
『日本国憲法制定の過程／全2巻』高柳賢三・大友一郎・田中英夫編著（有斐閣）
『日本国憲法成立史』佐藤達夫（有斐閣）
『天皇の研究』田中惣五郎（三一書房）
『天皇制の歴史心理』和歌森太郎（弘文堂）
『新　日本共産党宣言』不破哲三・井上ひさし（光文社）
『天皇制と部落差別』上杉聰（三一新書）
『一九四六年憲法――その拘束　その他』江藤淳（文春文庫）
『日本の歴史26　よみがえる日本』蠟山政道（中公文庫）

第6章について

『昭和天皇二つの「独白録」』東野真（ＮＨＫ出版）
『昭和天皇独白録　寺崎英成・御用掛日記』（文藝春秋）
『徹底検証◉昭和天皇「独白録」』藤原彰・粟屋

憲太郎・吉田裕・山田朗共著（大月書店）
『木戸幸一日記／上下巻』『木戸幸一日記　東京裁判期』（以上、東京大学出版会）
『近衛日記』近衛文麿（共同通信社）
『近衛文麿公・手記／最後の御前會議』迫水久常（時局月報社）
『側近日誌』木下道雄（文藝春秋）
『本庄日記』本庄繁（原書房）
『杉山メモ／上下巻』（原書房）
『天皇観の相剋』武田清子（岩波書店）
『陛下、お尋ね申し上げます』高橋紘（文春文庫）
『天皇の戦争責任』井上清（現代評論社）
『西園寺公と政局／全8巻』原田熊雄（岩波書店）
『現代史における戦争責任』藤原彰・荒井信一編（青木書店）
『「日本文化論」と天皇制イデオロギー』土方和雄（新日本出版社）
『天皇家の密使たち』高橋紘・鈴木邦彦（徳間書店）
『天皇陛下の為のためなり　増補改訂版』わだつみ会編（径書房）
『日本の失敗――「第二の開国」と大東亜戦争』松本健一（東洋経済新報社）
『終戦の詔書』文藝春秋編／大原康男監修（文藝春秋）
『天皇の戦争責任と君主論』関幸夫（白石書店）
『東京裁判への道』粟屋憲太郎・NHK取材班共著（NHK出版）
『日本の侵略と膨張』吉岡吉典（新日本出版社）
『日中戦争／全3巻』児島襄（文藝春秋）
『日中戦争従軍日記』江口圭一・芝原拓自編（法律文化社）
『日清戦争から盧溝橋事件』吉岡吉典（新日本出版社）
『日米関係史／開戦に至る十年　4マス・メディアと知識人』細谷千博・斎藤真・今井清一・蠟山道雄編（東京大学出版会）
『日本の歴史⑳　アジア・太平洋戦争』森武麿（集英社）
『日本の歴史24　ファシズムへの道』大内力（中公文庫）
『日本の歴史25　太平洋戦争』林茂（中公文庫）

第7章について

『日本文学報告会――大東亜戦争下の文学者たち』櫻本富雄（青木書店）
『文化人たちの大東亜戦争』櫻本富雄（青木書店）
『現代史資料(42)　思想統制』（みすず書房）
『敵を知らず己を知らず』NHK取材班編（角川書店）
『天皇不親政の起源』洞富雄（校倉書房）
『孝明天皇紀　第五』（平安神宮）
『日本史3　五畿内編Ⅰ』ルイス・フロイス著／松田毅一・川崎桃太訳（中央公論社）
『武家と天皇』今谷明（岩波新書）
『近世の朝廷運営』久保貴子（岩田書院）

天皇制全般について

『「天皇制」論集／全2巻』久野収・神島二郎編（三一書房）
『日本の歴史をよみなおす』網野善彦（筑摩書房）
『日本歴史と天皇』歴史教育者協議会編（大月書店）
『増補天皇制起源神話の研究』赤松啓介（明石書店）
『日本の戦争責任／上下巻』若槻泰雄（原書房）
『天皇論』鷲田小彌太（三一書房）
『天皇制の政治構造』神島二郎編著（三一書房）
『近代天皇像の形成』安丸良夫（岩波書店）
『天皇制と日本文化論』岩井忠熊（文理閣）
『叢論日本天皇制／全3巻』菅孝行編（柘植書房）
『大陸侵略は避け難い道だったのか』岩井忠熊（かもがわ出版）
『天皇制の深層』上山春平（朝日新聞社）
『天皇制を問う』日本史研究会・京都民科歴史部会編（人文書院）
『天皇家の歴史』ねずまさし（三一書房）
『皇室制度』鈴木正幸（岩波新書）
『近代天皇制研究序説』下山三郎（岩波書店）
『近代天皇制の形成過程』下山三郎（岩波書店）
『近代天皇制の成立』遠山茂樹編（岩波書店）
『近代天皇制の展開』遠山茂樹編（岩波書店）
『現代史資料(4)　国家主義運動(一)』（みすず書房）
『日本右翼の研究』木下半治（現代評論社）
『右翼・ナショナリズム伝説』松本健一（河出書房新社）
『昭和史の天皇1』『昭和史の天皇30／日米交渉』読売新聞社編（読売新聞社）
『日本の近世2　天皇と将軍』辻達也編（中央公論社）

あとがき

牛や馬はくびきにつながれて重い荷車を引く。

長い間、私にとって、天皇と天皇制はくびきであり重い荷車だった。

どうして日本人と生まれたら、天皇のくびきにつながれなければならないのか。

天皇から自由になるためには、日本人であることをやめるしかないのか。

国籍を捨て、日本人であることをやめるのは難しいことではないが、天皇だけが日本ではない。天皇のためだけに日本人をやめるのは割に合わない。

日本人であり続けながら天皇から自由になるためには、どうすればよいか。

まずは真実を知ることだと考えて、私はいろいろな資料をあさり、歴史を調べ、天皇について勉強した。しかし、天皇と天皇制はまことに手ごわい相手だった。勉強というより格闘だった。長い間の格闘の末に、天皇とは何なのか、天皇制とは何なのか、その真実を知ったとき、私は天皇を畏《おそ》れ敬う必要のないことを確信し、私の精神は天皇の束縛から自由になった。

私の精神は自由になったが、私自身は天皇から自由になっていない。

それは私の属する日本の社会がいまだに天皇にとらわれ続けているからだ。

この漫画の主人公、仁とその仲間は、日の丸・君が代問題を発端として、自分たちの所属する組織・サッカー部の不合理に直面し、苦しむ。同じような苦しみを味わっている人は日本の社会に大勢いるはずだ。

日本型の組織は、下の者が上の者に服従を強要される上下関係で固められ、個人が組織の枠組みから逸脱しないように厳しい抑圧が加えられる。会社や官庁だけではない。町、村、隣組、職業組合、青年団、スポーツ団体、いたるところに日本型の組織がある。アメリカでは大統領を決めるのに、候補者同士が国民の前で何度も真剣に議論して、その結果を有権者が判断して投票で決める。だが、日本の首相は森総理大臣の就任の過程で明らかなように、組織の権力者が密室で勝手に決める。組織の論理がすべてを押さえつけ、道理が通らず、正義が通用しない社会は不明朗で、息が詰まる。

一体何が日本の社会をこんな生きづらいものにしているのか、よくよく考えてみると、天皇制に突きあたる。この上下関係の締めつけ、組織による個人の抑圧、というものは明治以前の封建時代に培《つちか》われたもので、近代天皇制が作り出したとは言えないだろう。しかし、それをさらに強固にしたのは近代天皇制であることは明らかだし、敗戦後そのような締めつけを排し真の民主主義国家になる機会があったのに、それが妨げられてきたのは、近代天皇制を引きずる象徴天皇制が存在したからだ。天皇制がある限り、上下関係の締めつけと組織による抑圧は解消しない。道理も正義も通らない。

道理と正義を取り戻すためには日本の社会の一人一人が、自分自身を天皇の束縛から解き放ってもらわなければならない。天皇から自由になるためには、天皇を憲法から外し、我々の精神にまで立ち入らせないようにするしかない。

私が希望をかけるのは若い人たちだ。私は、若い人たちに読んでもらいたいと思って、この本を書いた。若い人なら、古いしがらみに縛られず、天皇制と格闘してくれるだろう。

この本の限られた紙数では天皇について語り尽くすことは不可能だが、若い人たちが天皇について考えるとっかかりになるように、重要な項目は押さえておいた。天皇制という巨大な魔物を解剖する助けになるように、急所に目印を付けておいたつもりだ。この本が、若い人たちが天皇制と闘って、日本の社会を正気に戻すのに役立つことを願っている。

巻末に、私が読んだ本の一部を参考文献として載せた。読者にも全部読んでもらいたいが、最低でも、『日本書紀』『古事記』は読んでほしい。現代語訳が文庫版で出ているから、とっつきやすいはずだ。最後に、この本を書く機会を与えてくれた首藤さん、漫画を描いてくれたシュガー佐藤さん、最初に漫画を連載してくれた「週刊金曜日」の編集部、中でも担当してくれた小長光さんに、心からお礼を申し上げる。

雁屋 哲

【初出】
●漫画については次の通りです。
「週刊金曜日」1998年10/23号〜11/27号（第1章）
同1999年1/15号〜2/12号（第2章）
同1999年3/12号〜4/9号（第3章）
同1999年5/21号〜6/18号（第4章）
同1999年7/23号〜8/27号（第5章）
同1999年10/1号〜11/12号（第6章）
同2000年1/14号〜2/11号（第7章）
●解説文については書き下ろし。

【作画資料】
『写真図説／日本の侵略』アジア民衆法廷準備会編（大月書店）
『20世紀の記録／1945年』『1億人の昭和史』『戦後50年』（以上、毎日新聞社）
『図説／第二次世界大戦』太平洋戦争研究会（河出書房新社）
『皇室アルバム／皇室と私たちの戦後50年』『天皇の本』（以上、学研）
『記録写真・終戦直後／上下巻』（光文社）

本書は、2000年に発行された『マンガ・日本人と天皇』（小社刊）に、原作者の雁屋哲氏による最新論考を新たに加えた新装増補版です。

マンガ 日本人と天皇 新装増補版

二〇一九年四月二十日 第一刷発行

原作 雁屋 哲
漫画 シュガー佐藤
発行者 首藤知哉
発行所 株式会社いそっぷ社
〒一四六—〇〇八五
東京都大田区久が原五—五—九
電話 〇三（三七五四）八一一九
印刷・製本 シナノ印刷株式会社

ISBN978-4-900963-85-6 C0095
定価はカバーに表示してあります。